인간 꽃을 피워라

상생출판

일러두기
도훈 일시는 증산도 연호인 '도기道記'로 표기함.
예를 들어, '1521221 동방신선학교'은 도기 152년 (양)12월 21일 말씀을 말함.
2025년은 도기 155년이며, 도기 152년은 2022년을 말함.

시작한 날 _____
마친 날   _____
수행자   _____

안경전 종도사님 소개

　안경전 종도사님은 STB상생방송 이사장이며 증산도의 최고 지도자이십니다. 한국의 역사문화를 복원하여 인류의 원형문화를 밝히고 나아가 천지 질서가 바뀌는 대개벽의 때를 맞이한 지구촌 형제자매를 참된 길로 인도하기 위해 헌신하고 계십니다.

　12세에 문득 빛의 최상 신선인 배달국의 커발환 환웅님을 만나는 역사 문화 체험을 하고 한민족의 정체성에 눈을 떴으며, 24세 되던 해에는 황금빛 별들이 하늘 위에서 새롭게 자리매김하여 후천개벽이 현실화되는 것을 목도하고 큰 전율을 느끼셨습니다.

　이러한 경험은 '지금은 원시로 반본하는 때', '지금은 천지의 계절이 후천 가을로 접어드는 때'라는, 우주의 주재자 증산 상제님과 태모 고 수부님의 가르침을 전파하여 전 인류가 후천개벽을 대비하도록 하는 데 평생을 바치는 소중한 계기가 되었습니다.

　종도사님은 50여 년간 수천 회에 걸쳐 현장을 답사하고 고증하여 증산 상제님과 태모 고 수부님의 행적과 말씀을 수집·기록한 『도전道典』을 발간하고, 30여 년간 지구촌 동서 여러 나라를 다니며 한민족의 시원사와 맞닿은 인류 황금시절 문화의 원형을 복원한 『환단고기』 역주본을 출간하였습니다. 『도전』은 인류의 후천을 여는 새 문화

Introduction

원전이고, 『환단고기』는 지구촌 전 민족의 역사 경전입니다.

현재 천지의 원주인이신 상제님과 태모님의 말씀이 담긴 『도전』은 영어를 비롯한 13개 언어로 번역하여 출간을 앞두고 있으며, 동방 역사의 원맥을 복원해줄 『환단고기』도 영어로 번역 중입니다. 더불어 수년 전부터 국내뿐 아니라 여러 나라에서 〈환단고기 북 콘서트〉, 〈개벽 문화 북 콘서트〉를 열어 인류 원형문화의 맥과 정신, 개벽의 도를 전하고 있습니다.

최근에는 전 인류가 가을개벽의 충격을 극복할 수 있도록, 인류 원형 문화와 한류의 영성문화를 체계 세워서 우주의 광명 문화 그 참모습을 밝히고, STB 상생방송을 통해 영원한 생명의 신선 꽃인 무병장수의 율려화를 전파하고 있습니다.

세계 인류가 몸과 마음을 우주의 빛으로 치유하고, 선천 어둠의 인간 에서 후천 광명의 인간으로 거듭 태어나도록 후천 선문명을 선도하는 종도사님의 뜨거운 열정과 헌신으로, 장차 지구촌에 새로운 문화 지평이 열리고 무병장수 신선 문명이 진정한 생활 문화로 자리잡게 될 것입니다.

차 례

안경전종도사님 소개   4

편집자의 글   11

1 — 수행의 정의   14

2 — 수행의 필요성   28

3 — 삼신 망량   42

4 — 율려   56

5 — 빛꽃 선정화   70

6 — 도통   84

7 — 의원 도수와 도체   98

8 — 삼신조화 도통수행법   112

9 — 천지부모와 삼랑   126

Contents

10 ─ 빛의 인간　　　　　　　　140

11 ─ 생존수행　　　　　　　　154

12 ─ 생각의 힘　　　　　　　　168

13 ─ 원십자, 무극의 조화바다　　182

14 ─ 천신단　　　　　　　　　196

15 ─ 몸속 빛의 통로　　　　　　210

16 ─ 충맥 및 임독맥 뚫기　　　224

17 ─ 호흡의 중요성　　　　　　238

18 ─ 시천주주와 태을주　　　　254

19 ─ 치병의 길　　　　　　　　268

20 ─ 성공하는 수행의 길　　　　282

안경전 종도사 大道 말씀
인간 꽃을 피워라

수행의 길 • 100일 필사

편집자의 글 Intro

증산도甑山道는 강증산 상제님의 도법이며, 인류와 한민족 문화의 혼입니다. 한국인이 망각한 뿌리문화의 혼을 그대로 간직한 열매 문화가 증산도입니다.

상제님께서 이 땅에 오시어 천하대세를 살피시고 세상을 진단하신 말씀은 성자들과 그 판이 다릅니다. 상제님은 인간 삶의 바탕인 환경, 천지天地를 문제 삼으셨습니다. 한마디로 '천하가 병들었다' (道典 2:16) 하시고, 천지공사天地公事를 행하시어 '새 하늘과 새 땅'을 여셨습니다.

> 이제 온 천하가 큰 병(大病)이 들었나니
> 내가 삼계대권을 주재하여 조화造化로써 천지를 개벽하고
> 불로장생不老長生의 선경仙境을 건설하려 하노라. 道典 2:16

상제님은 '만국활계남조선萬國活計南朝鮮'(道典 5:306:6)이라 하셨습니다. 개벽기에 만국을 살려낼 법방法方이 오직 남조선, 대한민국 땅에 있다는 것입니다. 하느님과 천지신명을 진정으로 받들고, 대자연과 하나 될 수 있게 하는 '원형문화의 맥'이 바로 이 땅에 존재하기 때문

입니다. 상제님은 남조선의 중심 땅인 태전에 오시어 '장차 여기에서 전무지후무지법前無知後無知法이 나온다.'(道典 5:306:2)고 천지에 질정하셨습니다. 전에도 없었고, 후에도 없을 새로운 도법이 태전에서 탄생한다는 것입니다.

지금은 바야흐로 선천이 마감되고 후천 새 세상이 열리는 우주적 전환기입니다. 지금은 하늘과 땅의 생명력이 거의 고갈되어, 인간 세상도 도덕을 잃고 '금수禽獸 세상'으로 떨어졌습니다. 그래서 지금 인류에게는 본성을 회복하고, 대자연과 하나 될 수행법이 무엇보다 절실합니다.

안경전 종도사님께서는 상제님의 천명天命을 받아, 진리를 몰라 방황하는 지구촌 인류에게 '삼신수행법', '삼신조화 도통 수행법'을 전하고 계십니다. 종도사님은 상제님 무극대도의 정법을 실현하기 위해서 '50년 답사, 50년 수행'을 실행하시고 마침내 인류가 빛의 근원 세계에 들어가 무극지기無極之氣를 받아내려 인간꽃을 피울 수 있는 길을 환하게 열어주셨습니다. 이제 누구나 상생방송을 통해 인간개벽의 길, 건강한 몸과 마음과 영체로 살 수 있는 법방을 만날 수 있습니다.

본서는 삼신조화 도통 수행법의 대의를 전하시는 100개의 종도사님 말씀을 수록하였습니다. 한 가지 주제에 다섯 말씀씩 실었습니다. 가장 좋은 공부법은 스스로 정성을 다해 필사筆寫하며 문장 속에 녹아 있는 말씀의 진액을 온몸으로 느끼고 실행하는 것입니다.

일찍이 동방 한국인은 소도蘇塗(소생하는 성스러운 땅)에 경당扃堂(밝음의 학교)을 세워 후손에게 '광명의 본성을 회복하는 길'을 가르쳤습니다.

그때의 구도자인 삼랑三郎들도 말씀을 필사하거나 암송하며 온몸으로 진리를 체득했습니다. 이런 사실은 중국 역사책인 『구당서』와 『신당서』에 기록될 정도로 유명합니다. 이러한 상고시대의 한민족 원형문화 가르침은 북부여와 고구려, 백제, 신라에 그 맥이 전수되었지만, 이후 외래 종교에 경도되어 근본을 잃어버렸습니다.

1871년에 마침내 이 땅에 강세하신 증산 상제님께서는 원시반본原始反本의 도법으로 모든 것을 바로 잡으시고, 뿌리의 강력한 생명력을 통해 열매를 맺는 '무극대도의 길'을 활짝 열어주셨습니다. 그 대도가 증산도입니다. 증산도는 종교가 아닙니다. 구舊천지 상극에서 신新천지 상생으로 천지의 틀을 돌려놓은 대개벽의 도이며, 개벽문화를 선도하는 무극대도입니다.

이제 안경전 종도사님께서 천지를 관통하는 일심정성을 쏟으심으로써 삼신三神문화가 역사 속에 복원되고, 인류사가 인존人尊시대, 빛의 문화 시대로 들어갑니다. 앞으로 삼신조화를 받아 성성이 깨어난 1만2천 도통군자가 진정한 평화와 상생의 기운을 온 세상에 가득 채울 것입니다.

본서에 실린 귀중한 말씀을 하루에 한 말씀씩 묵상하며 필사筆寫하시길 권장합니다. 늘 말씀과 하나 되어 '참으로 꽃 중에는 인간꽃이 제일이니라.'(道典 8:2:6)라고 하신 상제님의 원대하신 뜻을 성취하시기를 두 손 모아 기원합니다.

2025년 4월 20일
편집자 전

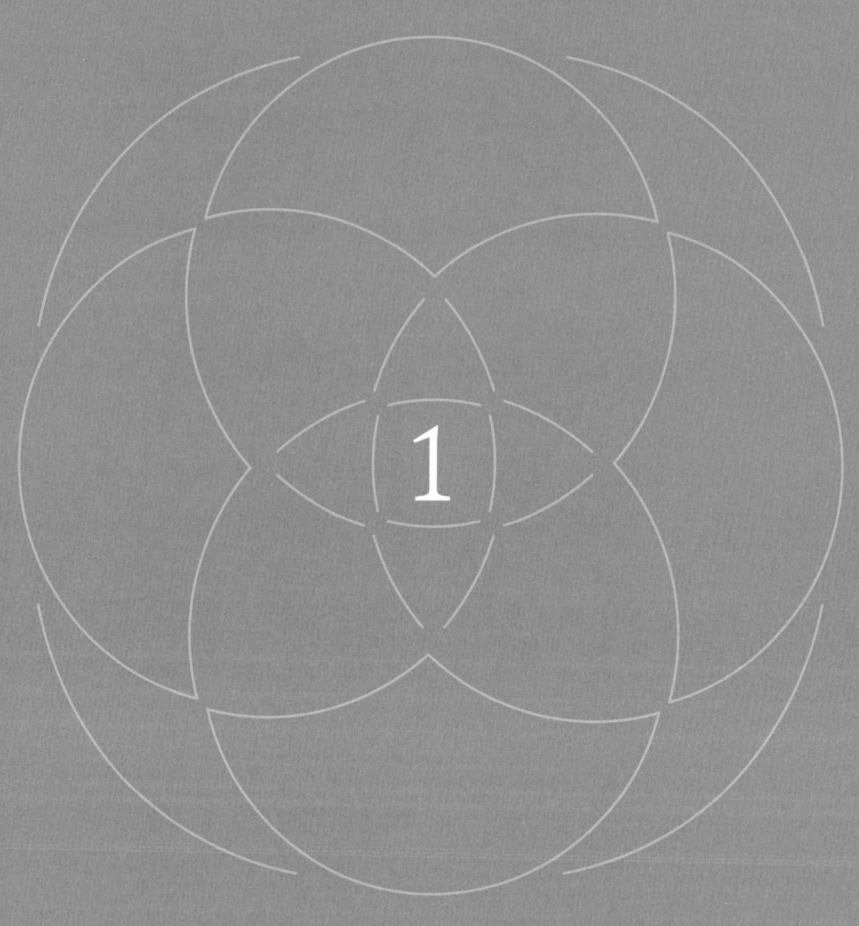

인간 꽃을 피워라

안경전 종도사 大道 말씀

수행의 정의

수행의 길 · 100일 필사

수행의 정의 ❶

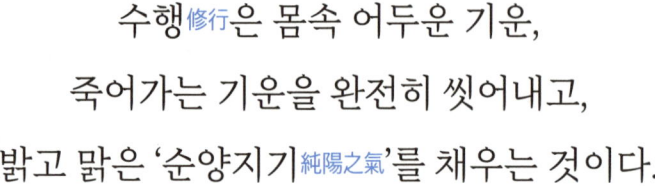

수행은 우리 몸과 마음 속의 어둡고 피로하고 병든 기운을 정화해서 자연 자체의 맑은 기운으로 충만하게 하는 것이다. 몸속 어두운 기운, 죽어가는 기운을 완전히 씻어내고, 밝고 맑은 '순양지기'를 채우는 것이다.

1521221 동방신선학교

수행의 정의 ❷

인간은 본래 빛의 신전神殿이다.
수행은 한마디로
우리 몸을 빛으로 채우는 공부다.
대우주의 무궁한 삼신 조화 광명의 빛으로
바꾸는 것이다.

수행이란 무엇인가? 수행은 한마디로 우리 몸을 빛으로 채우는 공부다. 대우주의 무궁한 삼신 조화 광명의 빛으로 바꾸는 것이다. 인간은 본래 빛의 신전神殿이다.

1510903 종무의회

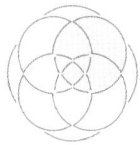

수행의 정의

수행이란 우주의 영원한 빛,

순수 음양의 빛인

율려律呂를 가져와서 내 몸에 싣는 공부다.

수행이란 우주의 영원한 빛, 순수 음양의 빛인 율려를 가져와서 내 몸에 싣는 공부다. 율려를 몸에 심어야 건강과 깨달음을 얻고, 도통하고, 신선과 부처가 된다.

1540428 부산 선 포럼

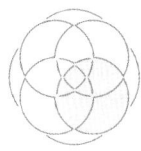

우주의 절대 근원으로서 삼신 망량님이 계신다.
망량은 무량한 빛으로 충만하여 영원한 분이다.

빛으로 충만하여 영원하신 삼신님이
성령의 근원이다.

수행의 정의
4

수행은
우리 몸에 있는 기혈氣血을 맑힘으로써
정신혼백의 모든 문제를
일거에 바로 세우는 것이다.

수행은 우리 몸에 있는 기혈을 맑힘으로써 정신혼백의 모든 문제를 일거에 바로 세우는 것이다. 결국 선仙 도수, 상제님께서 천명하신 의원 도수는 한마디로 내 몸 속에 있는 기혈을 맑혀서 정신혼백을 정화하고 순화하는 것이다.

1510409 의원 도수

수행의 정의

수행이라는 것은 내 몸의 정화淨化다.
수행이야말로 근본적인 정화요,
병독病毒을 뽑고 자연과 하나 된
조화로운 몸을 만드는 것이다.

수행이라는 것은 내 몸의 정화다. 수행이야말로 근본적인 정화요, 병독을 뽑고 자연과 하나 된 조화로운 몸을 만드는 것이다. 수행을 해야 몸과 정신이 상쾌하고 맑아져서, 사물을 있는 그대로 보게 된다.

1510409 의원 도수

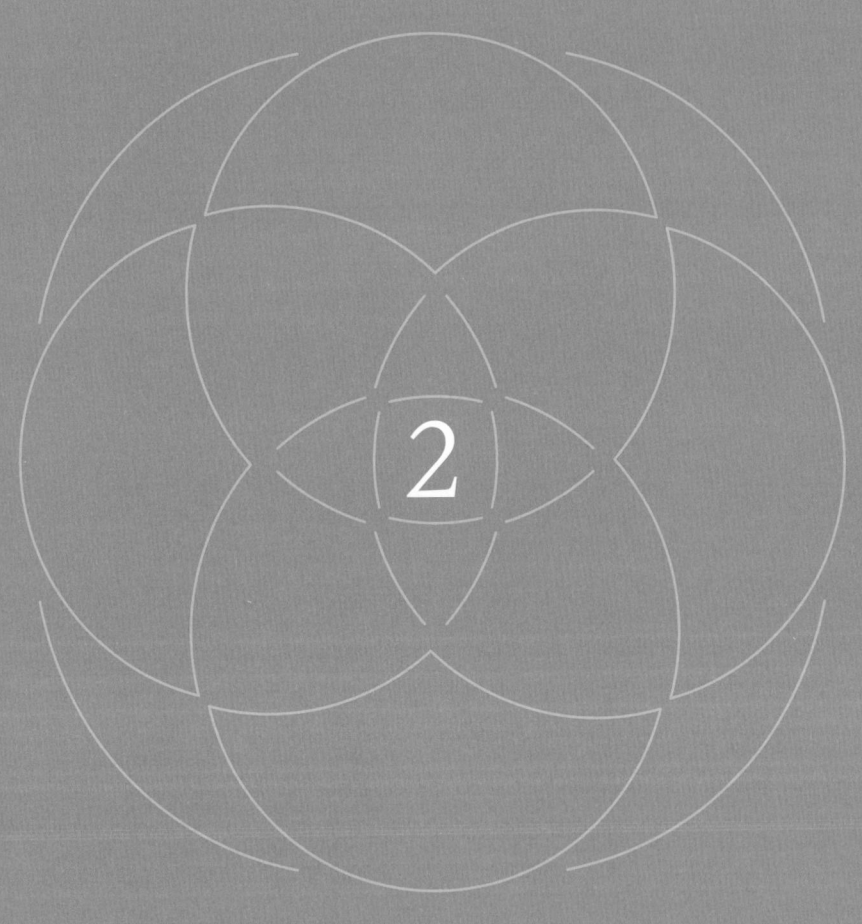

인간 꽃을 피워라

안경전 종도사 大道 말씀

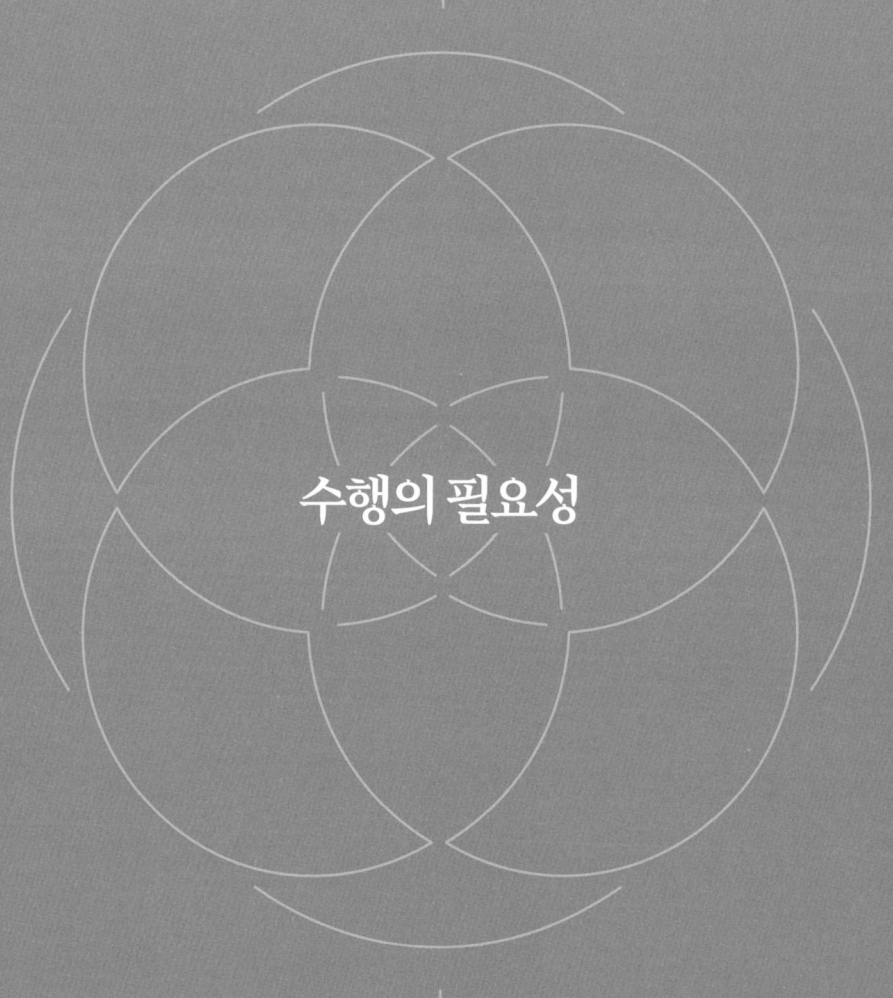

수행의 필요성

수행의 길 · 100일 필사

수행의 필요성

수행을 해야 인간 존재存在에 대한
갈망이 해소된다.
천지에서 생명을 받아 태어난 인간에게는
수행하지 않으면
충족되지 않는 그 무엇이 있다.

우리는 왜 끊임없이 수행해야 하는가? 한마디로 수행을 해야 인간 존재에 대한 갈망이 해소된다. 천지에서 생명을 받아 태어난 인간에게는 수행하지 않으면 충족되지 않는 그 무엇이 있다.

1521210 대구 선정화 전수

수행의 필요성

인간은 왜 수행해야 하는가?
가장 소박한 의미는
'건강, 병 없이 무병장수하기 위함'이다.
수행의 본질적인 의미는
'천지부모와 하나 되기 위함'이다.

인간은 왜 수행해야 하는가? 첫째, 가장 소박한 의미는 건강, 병 없이 무병장수하기 위함이다. 내 정신과 몸을 유지하면서 강건하게 살면서 품은 뜻을 이루고, 하늘에 있는 조상의 세계로 다시 돌아가기 위해서다.

1501220 우주음악 태을주

수행의 필요성

내 몸을 조정하는 것은 기혈氣血이다.
기가 피곤하면
혈도 탁해지고 피로해져서 못 견딘다.
정신이 혼몽해진다.
그래서 우리는 수행을 해야 한다.

내 몸을 조정하는 것은 기혈이다. 기혈이 하나 되어서 내 몸을 돌아다닌다. 기가 피를 끌고 다니는 것이다. 기가 피곤하면 혈도 탁해지고 피로해져서 못 견딘다. 정신이 혼몽해진다. 그래서 우리는 수행을 해야 한다.

1510409 의원 도수

눈을 가만히 감고 '우주 원십자 중심'에 앉아라.
마음을 비우고 호흡하라.

호흡을 통해 심신의 안정을 얻고,
몸에 쌓인 노폐물을 녹여버려야 한다.

이런 공부 기운의 바탕 위에 진득하게 주문 자체가 돼야 한다.
호흡과 주문을 온몸으로 느껴야 한다.

수행의 필요성

천지는 순수한 한마음으로 영원을 향해서
도심道心으로 둥글어 간다.
우주변화 원리에서는
그것을 '토土를 생성하는 것'이라 한다.

대자연은 수화금목이 순환하면서 토가 가장 나중에 생성된다. 토의 힘으로 우주가 순환하고 존재하게 된다. 오늘이 있고, 내일이 있고, 일 년, 십 년, 백 년, 천 년, 만 년이 반복하고 지속되는 것은 바로 토를 생성하기 때문이다. 우리 몸에서도 그 궁극으로는 토 자리 기운을 강화해서 내 몸 중심에 뭉치게 해야 한다. 그래서 수행이 필요하다.

1510409 의원 도수

수행의 필요성

우리는 살아남기 위해서
천지부모와 하나되는
깨달음(도통)을 성취해야 하고,
신안神眼을 열어서
크고 작은 변혁의 재난으로부터
탈출할 수 있어야 한다.

우리는 병란개벽의 시간대에서 왜 수행을 해야 하는가?
우선 생존을 위해서다. 우리는 살아남기 위해서 천지부모와 하나되는 깨달음을 성취해야 하고, 신안을 열어서 크고 작은 변혁의 재난으로부터 탈출할 수 있어야 한다. 최상의 피난책은 스스로 예지하고, 판단하는 것이다.

1510712 아침수행 말씀

3

인간 꽃을 피워라

안경전 종도사 大道 말씀

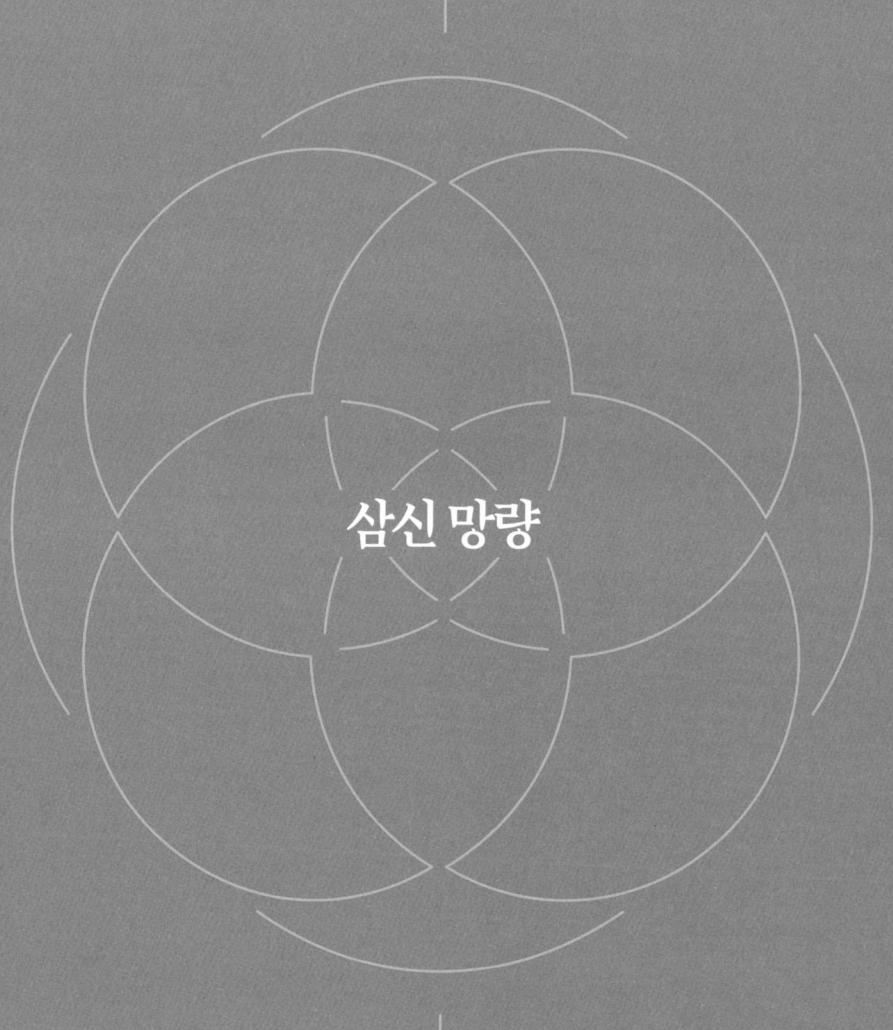

삼신 망량

수행의 길 · 100일 필사

삼신 망량 ❶

지금은 대우주 진리眞理의 원형原型이 드러나는 때다.
망량은 빛으로 충만하신 분,
빛으로 충만해서 영원하신 분이라는 뜻이다.

지금은 대우주 진리의 원형이 드러나는 때다. 우리가 사는 현실계의 근원은 어디인가? 한마디로 망량계魍魎界다. 대우주의 현실계와 음양 짝으로 망량계가 존재한다. 망량은 빛으로 충만하신 분, 빛으로 충만해서 영원하신 분이라는 뜻이다.

1521017 상생개벽 뉴스

삼신 망량 ②

우주의 절대 근원으로서 삼신 망량님이 계신다.
망량은 무량한 빛으로 충만하여
영원한 분이다.
빛으로 충만하여 영원하신
삼신님이 성령의 근원이다.

지금은 망량 문화가 완전히 다 사라져서 언어 자체를 모른다. 그래서 우주의 근원을 제대로 전하지 못하고 '그냥 하나님이다. 창조주다.'라는 소리만 한다. 신관 자체가 온전하지 못하기 때문에 인간이 자기 신성을 회복하는 수행원리도 체계있게 정립하지 못했다.

1530213 동방신선학교

삼신 망량 ③

이제 망량님 문화가 복원된다.
망량은 우주 원형^{原型}문화의 원상이다.
모든 인간 삶의 최종 목적도
빛의 인간인 인망량人魍魎이 되는 것이다.

이제 망량님 문화가 복원된다. 망량은 우주 원형문화의 원상이다. 모든 인간 삶의 최종 목적도 빛의 인간인 인망량이 되는 것이다.
인간으로 태어나서 인망량이 되는 것은, 인간이 영원한 우주 존재의 절대 근원으로 계시는 삼신 망량님과 같이 영원히 무너지지 않는 빛의 존재로 태어나는 것이다.

1521213 동방신선학교

수행의 본질적 의미는 '천지부모와 하나 되기 위함'이다.

우리는 천지와 하나 된 그 순수의식, 참마음을 회복하고,
천지부모의 대이상향을 이루기 위해서 사는 것이다.

진정한 천지부모의 아들·딸로 거듭 태어나기 위해
수행해야 된다.

삼신 망량 ④

이제 상제님의 도운에서 망량신 문화가 나온다.
본체 삼신三神의 망량 문화로,
수행 문화의 궁극의 문턱으로 들어가게 된다.

신에 대한 총체적 깨달음이 근원적인 보편의 조화경계에서 인식되지 않으면 도통道通이 절대로 열릴 수가 없다. 그것이 선천 성자들의 한계다. 이제 상제님의 도운에서 망량신 문화가 나온다. 본체 삼신의 망량 문화로, 수행 문화의 궁극의 문턱으로 들어가게 된다.

1510919 저녁수행 말씀

삼신 망량 ❺

상제님이 우주 빛의 근원 세계,
본체계, 절대계인 망량세계를 일깨워 주셨다.
망량은 '빛의 조물주,
본래 신의 원형 언어'를 말한다.

상제님이 우주 빛의 근원 세계, 본체계, 절대계인 망량세계를 일깨워 주셨다.
망량은 '빛의 조물주, 본래 신의 원형 언어'를 말한다.
동방에서 깨달은 신의 원형 언어, 조물주가 망량이다. 그 망량계의 무궁무진한 조화, 율려를 내 몸에 가져와야 생명의 몸, 빛의 몸이 된다.

1540428 부산 상생월드 힐링 선 포럼

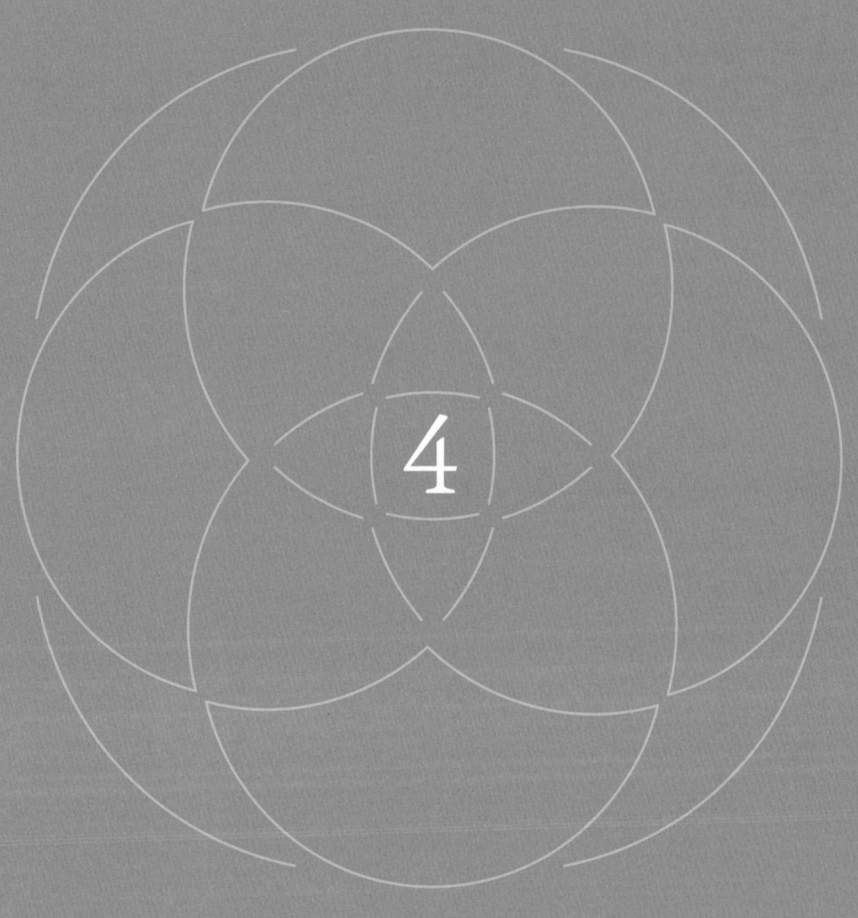

4

인간 꽃을 피워라

안경전 종도사 大道 말씀

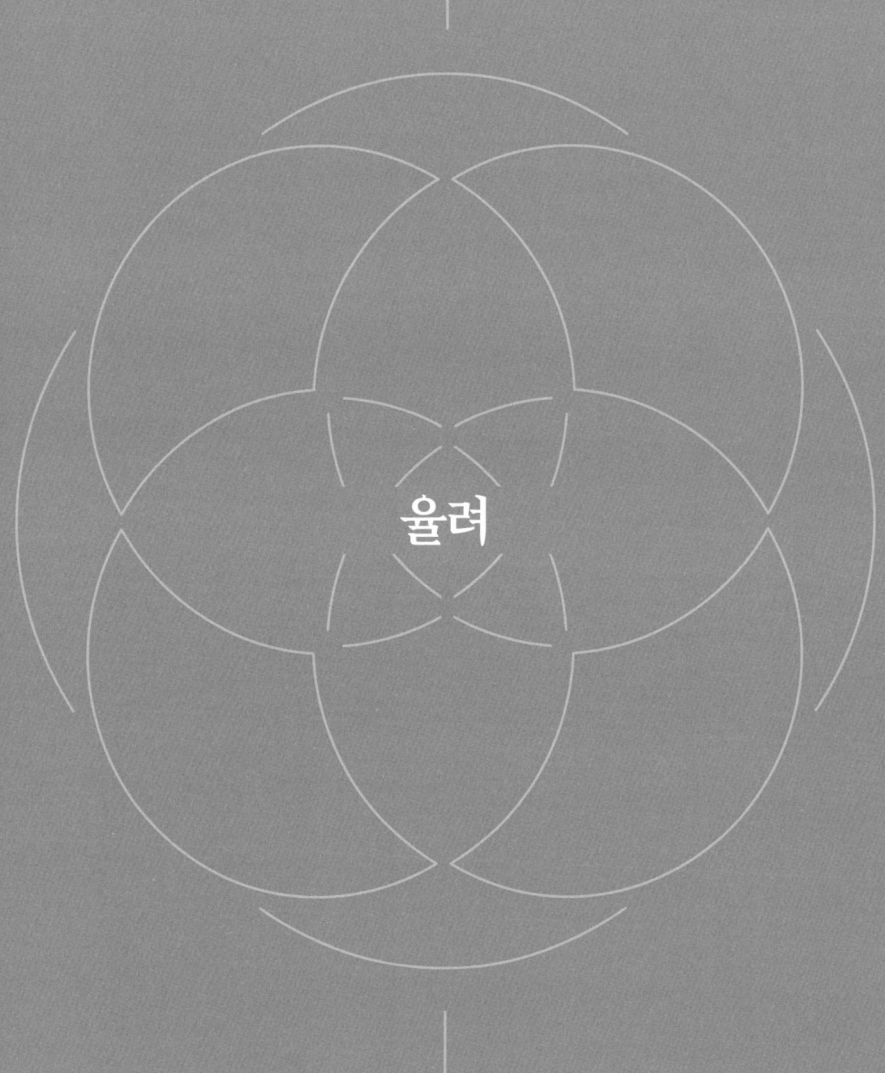

율려

수행의 길 • 100일 필사

율려

현상 우주의 근원세계는
무궁한 빛이 충만한 곳이다.
우주의 절대적인 빛의 근원,
그 본체 빛을 '망량'이라 하고,
그것을 음양 언어로 '율려律呂'라 한다.

현상 우주의 근원세계는 무궁한 빛이 충만한 곳이다. 그 세계를 '망량세계魍魎世界'라 한다. 다시 말해서, 우주의 절대적인 빛의 근원, 그 본체 빛을 '망량'이라 하고, 그것을 음양 언어로 '율려'라 한다.

1540320 수요치성

율려

율려는 '우주를 낳은 조화 소리'다.
율려는 '우주 자궁의 소리'다.
그래서 인간이 율려 기운을 내려받아
몸에 싣는 것이 진정한 수행이며
도통道通이자 치유治癒다.

율려는 우주를 낳은 조화 소리다. 그래서 인간이 율려 기운을 내려받아 몸에 싣는 것이 진정한 수행이며 도통이자 치유다.
이제 인류는 삼신조화 수행법을 통해 갱생更生되어야 한다. 코비드 19보다 더 강한 병란病亂을 극복하기 위해서라도 소중한 내 몸에 율려 조화 빛을 가득 채워야 한다.

1530302 본부 도훈

율려

율려라는 것은
우주를 낳는 영원한 생명력, 근본 생명이다.
다른 말로 빛이다.
'망량세계의 빛'이 율려다.
인생으로 태어나서 율려와 하나 되기 위해
수행을 하는 것이다.

우주의 무궁한 생명력, 인간의 제1의 생명력이 율려다. 인생으로 태어나서 율려와 하나 되기 위해 수행을 하는 것이다. 소중한 내 몸에 빛을 채우는 것이다.

1540309 종무의회

태허령님과 하나가 되는 무궁한 빛의 조화가 율려다.
이런 율려 소리를 마고삼신 할머니가 가져온 것이 옴 사운드이다.

이 옴과 훔 소리를 우주의 통치자 아버지 상제님이
완성해 주신 주문이 태을주이다.

율려

궁극으로 도통의 명제가 율려^{律呂}에 달렸다.
율려는 태극의 음양 조화의 궁극이고,
동북아의 도통신선 문화의 중심 주제다.

궁극으로 도통의 명제가 율려에 달렸다. 율려는 태극의 음양조화의 궁극이고, 동북아의 도통신선 문화의 중심 주제다. 생명을 낳아 길러서 숙성하게 하는 빛의 음양조화 자체를 율려라 한다.

1520314 저녁수행 말씀

율려

앞으로 인류 문명의 유일한 주제는 조화다.
조화를 음양 언어로 율려라 한다.
율려는 체험이다.

우리가 율려에 눈 뜨고 진리 언어로 정확하게 쓸 수 있어야 진짜 도인이 된다. 율려는 체험이다. 이법적 체험도 매우 중요하지만 내 몸으로 율려를 체험해서 진짜 신선 몸으로 자꾸 변화해 가야 한다.

1520109 저녁수행 말씀

5

인간 꽃을 피워라

안경전 종도사 大道 말씀

빛꽃 선정화

수행의 길 • 100일 필사

빛꽃 선정화 ❶

선정화仙定花란 무엇인가?
신선 선仙 자, 정할 정定 자, 꽃 화花 자다.
선정화는 '너는 앞으로 인간 신선이 될 수 있다.'고
인정해 주시는 꽃이다.

상제님, 태모님께서는 '열심히 수행해서 선정화가 너의 몸의 모든 병을 전부 씻어내게 하라. 네 몸을 세포까지 빛으로 채워라.', '모든 것은 너에게 달렸다. 이제는 너의 일심一心에 달렸다. 네가 수행하는 만큼 빛이 온몸에 채워지고 어둠이 물러나는 것이다.'라고 하신다.

1540324 일요치성

빛꽃 선정화 ❷

선정화는 대우주 빛의 조물주이신
삼신 망량님의 무궁한 신성, 조화의 빛을
한송이 꽃으로 받은 것이다.

우리는 조화의 빛을 선정화 꽃으로 받았다. 몸의 세포 단위에 빛꽃을 넣어서 빛 폭발을 시키면서 새롭게 한다. 우리 몸에는 우주처럼 무한한 생명의 신성이 갖춰져 있다. 우주처럼 신성한 생명의 시스템으로 꽉 차 있는 것이다. 이런 온몸의 세포에 빛꽃을 심고 치유한다.

1541111 의원 도수

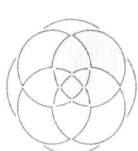

빛꽃 선정화

'꽃을 심는다. 반짝반짝하게 한다.
빛 폭발을 시킨다.'는 3단계를
잊지 말아야 한다.
세포의 양자 단위까지 꽃이 들어간다.
그러면서 반짝반짝 빛난다고 생각하고,
'빛 폭발'을 시켜라.

선정화를 생각으로 자신있게 툭툭 아픈 곳에 넣는다. 환부에 집중해서 심고, 중간중간 리듬을 넣어서 착착착착 심으면 된다. 단순 장부에만 심는 게 아니라 작은 세포 단위까지 더 깊게 심어야 한다. 빛 폭발이 병을 치유하고, 세포를 재생시키고 온몸을 빛몸으로 만드는 공정과정이다.

1540324 일요치성

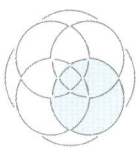

영원한 대우주의 참모습은 무궁무궁한 빛꽃이다.

그래서 수행을 제대로 하면
완전한 무아無我의 경계,
우주와 하나 된 경계에서 너무도 아름답고 신비로운
거대한 백광의 한 송이 꽃을 보게 된다.

빛꽃 선정화 ❹

우주 삼신 망량님의 빛의 세계는
우주의 본체 세계, 절대 세계다.
그렇기 때문에 마음에 응해
빛의 속도 이상으로 온다.

빛의 세계는 물질계를 넘어서는 세계다. 우주 삼신 망량님의 빛의 세계는 우주의 본체 세계, 절대 세계다. 궁극의 조화법이 이제야 나오는 것이다. 이 조화 도통법은 미륵님이시며, 우주의 아버지이신 상제님과 어머니 태모님께서 내려주신다. 이것을 믿고 생활 속에서 몸에 착착 심고 빛 폭발시키면서 치유해 보라.

1541221 동지치성

빛꽃 선정화

빛꽃이 한순간에 수백만 송이가 돼서
온몸에 퍼지고 빛 폭발을 하면서
치유하게 된다.
생활 속에서 하루에도 수십번 해 봐라.

빛꽃을 받으면 아픈 장부에 심고, 의식을 집중해서 빛 폭발을 시켜라.
밥을 먹으면서 뉴스를 보면서 해도 된다. 언제 어디서나 할 수 있는 것이다.
빛꽃 수련을 한 만큼 세포가 강해지고 병든 것도 치유된다.

1541221 동지치성

6

인간 꽃을 피워라

안경전 종도사 大道 말씀

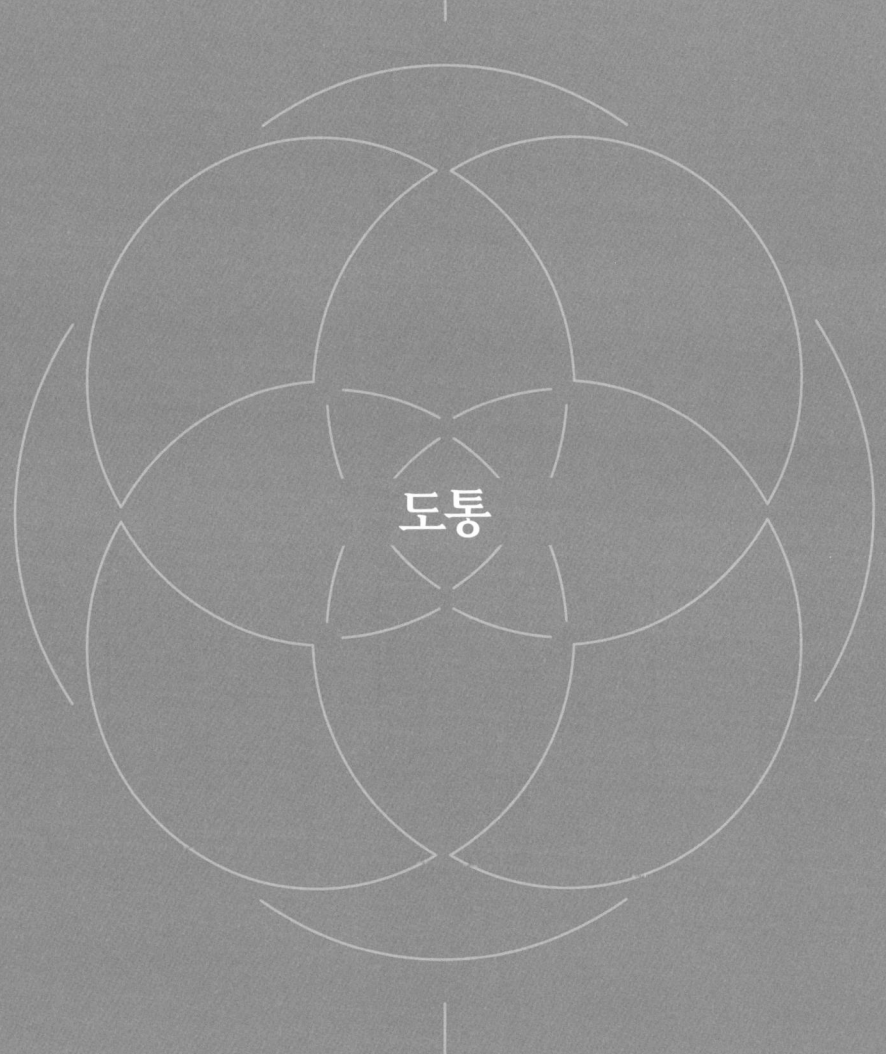

도통

수행의 길 · 100일 필사

도통

도통道通은 내 몸과 마음에
우주 율려조화의 빛을 가득 채우는 것이다.

도통은 내 몸과 마음에 우주 율려조화의 빛을 가득 채우는 것이다. 끊임없이 수행을 통해 빛으로 내 몸과 마음을 가득 채워 사물의 깊은 이치를 깨닫는 것이다.

1521210 대구 선정화 전수

도통

우리의 몸과 마음을 원천적으로
새롭게 할 수 있는 도통이야말로
진정으로 새문명을 열 수 있는
동력원이 된다.

인간 삶의 바탕이 대자연大自然이 병들고, 그로 인해 인간 몸도 병들어 간다. 기계문명만으로 모든 게 해결되는 게 아니다. 상제님은 '하늘과 땅이 병들었기에 그것을 뜯어고쳐야 인간이 살 수 있다.'고 하신다.
그래서 도통이야말로 진정으로 새 문명을 열 수 있는 동력원이 된다. 물론 기계문명의 도움을 받지만 근원은 인간에게 있는 것이다.

1521210 대구 선정화 전수

도통

도통만이 진정으로
인간문명을 새롭게 할 수 있다.
우리 한 사람 한 사람이
소중한 우주의 중심체, 우주의 본체다.

지금은 생존生存수행을 할 때다. 우리 스스로 내 몸과 마음과 영체를 완전히 변화시키면서 어둠을 몰아내고, 온갖 피로한 기운과 좌절, 트라우마와 슬픔을 완전히 몰아내야 한다. 우주의 근원, 우주생명의 절대 세계의 무궁한 빛과 하나가 되어야 한다. 우리 몸과 마음을 광명의 빛으로 채우는 끊임없는 과정이 삼신조화 수행법이다.

1521210 대구 선정화 전수

우리 몸의 상단, 중단, 하단에는
성명정性命精이라는 세 가지 보물이 있다.

성명정을 관통하는 맥이 충맥이다.
수행자는 몸의 중심맥인 충맥부터 뚫어야 한다.
수직으로 동시에 뚫어버려야 한다.
도통도 이 맥을 통해 내려온다.

도통

도통은 몸에 불을 밝히는 것이다.
몸에 빛을 채워 자기치유,
셀프힐링을 하는 것이다.
그것은 크고 작은 모든 병을 예방하고,
동시에 자동적으로 치유되게 하는 것이다.

증산도甑山道는 인류 문화의 상징체이고 수행단체다. 도통은 불을 밝히는 것이다. 깨달음의 영어 표현이 enlightenment다. 몸에 불을 밝혀 셀프힐링을 하는 것이다. 그것은 크고 작은 모든 병을 예방하고, 동시에 자동적으로 치유되게 하는 것이다. 우리는 인류 미래의 치유법, 무병장수 신선문화의 견인차 역할을 해야 한다.

1540315 아침수행 말씀

도통

구도자는 빛꽃을 보고 하나가 되어야 한다.
그래야 빛의 인간으로
자신을 근본적으로 개조改造할 수 있다.
도통은 우주의 빛꽃을 받아서
인간을 갱생시키는 것이다.
인간을 재창조하는 것이다.

영원한 대우주의 참모습은 무궁무궁한 빛꽃이다. 그래서 수행을 제대로 하면 완전한 무아無我의 경계, 우주와 하나 된 경계에서 너무도 아름답고 신비로운 거대한 백광의 한 송이 꽃을 보게 된다. 도통은 우주의 빛꽃을 받아서 인간을 갱생시키는 것이다. 인간을 재창조하는 것이다. 이것이 미륵불이신 증산 상제님의 도법이다.

1540504 태모님 성탄치성

7

인간 꽃을 피워라

안경전 종도사 大道 말씀

의원도수와 도체

수행의 길 • 100일 필사

의원도수와 도체

❶

의원醫院 도수는 병란개벽의 초기에
우리 몸으로 직접 체득해야 할 진리 명령이다.
삼신조화 수행법으로
각자의 몸과 마음을 강건하게 하라는 도수다.

상제님께서는 김자현 성도에게 의원 도수를 붙이셨고, 박공우 성도에게는 만국의원萬國醫員 도수를 붙이셨다. 의원 도수는 병란개벽의 초기에 우리 몸으로 직접 체득해야 할 진리 명령이다. 그리고 만국의원 도수는 3년 개벽 실제상황에서 만국을 살리는 구원의 손길이 미치는 도수다. 천하창생을 건지는 만국의원 도수의 밑자리, 성취의 대전제가 의원 도수다.

1510409 의원 도수

의원도수와 도체 ❷

자연과 문명에 '다시 개벽'의 법도로

병란病亂이 몰려온다.

이 세상의 진정한 주제가 '의원 도수'다.

크고 작은 병란이 태풍처럼 몰려오기 때문에

우선 각자 생존을 위해서

의원 도수를 실천해야 한다.

자연과 문명에 '다시 개벽'의 법도로 병란이 몰려온다. 크고 작은 병란이 태풍처럼 몰려오기 때문에 우선 각자 생존을 위해서 의원 도수를 실천해야 한다. 그리고 나아가 가족과 이웃, 천하창생을 건지는 만국의원 도수가 발동된다. 우리가 의원 도수와 만국의원 도수를 성취하는 과정에서 신선神仙으로 거듭나게 된다.

1521210 대구 선정화 전수

의원도수와 도체

3

의원 도수의 주제는
자기 몸을 근원적으로 새롭게 하는 것이다.
소중한 자기 몸의 작은 질환부터
생명을 잃을 수 있는 불치병까지
신도 차원에서 삼신조화三神造化를 받아서
병기운을 뿌리 뽑아 치병하는 것이다.

의원 도수의 주제는 자기 몸을 근원적으로 새롭게 하는 것이다.
자기 몸에 맞게 저녁과 새벽 수행을 잘 선택해서 참여해야 한다. 끊어지지 말고 지속해야 한다. 수행 기운은 한 만큼 몸에 그대로 쌓인다. 이 기운이 합쳐져서 도통문화를 열어나가는 도체道體가 될 수 있다.

1530321 저녁수행 말씀

내 몸의 오장육부가 튼튼해서,
정신혼백이 잘 구성되면 전체적으로 '생각의 힘'이 높아진다.

생각이 창의적이고, 영감적이며,
과거와 현재, 미래를 소통시키는 열린 생각을 하게 된다.

의원도수와 도체

4

우리는 상제님 천지사업의
아주 결정적 관건인 의원 도수와 신선 도수,
갱소년 도수를 제대로 인식해야 한다.
지금 우리는 도통수행,
후천조화신선 도통공부를 하고 있다.
이를 바탕으로 내가 도체道體가 돼야 한다.

도체조직이 있어야 남북통일도, 의통성업도 이뤄진다. 통일은 의통이다. 의통은 개벽이다. 우리는 지금 후천 가을의 통일문명권을 세우는 주인공을 길러내는 중이다. 우리 각자가 여섯 명에게 제대로 신선도통법을 전수해서 그들을 양육하는 만큼 상제님 일이 성사되고, 그 공덕으로 천지의 별을 내려 받게 된다.

1530306 의원 도수

의원도수와 도체
5

우리는 신선도통 문화를
생활화하고, 닦는 만큼 전해줘야 된다.
우리 도생들은 '꼭 도체가 될 사람을 만난다.'는
강한 확신을 갖고, 상제님과 태모님께
'꼭 금도수, 천지 도통신선열매 종자를
만나게 해 주세요.'라고 기도 올리고 행동하라.

무엇보다 자신이 체험한 것을 전해야 한다. 의원 도수 중심으로 광선여의 봉, 빛기둥을 받아서 아픈 사람을 치유해봐야 한다. 우리가 도체가 될 때 그런 체가 되는 사람을 만난다. 상제님 법은 건곤감리, 천지일월법이다. 반드시 기도한 기운을 법도로 받게 된다.

1530402 자시수행

8

인간 꽃을 피워라

안경전 종도사 大道 말씀

삼신조화 도통수행법

수행의 길 · 100일 필사

삼신조화 도통수행법

후천수행법, 삼신조화 도통 공부법으로
우리 몸의 뼈와 세포를
신선과 같은 선체仙體를 만들고,
강인한 마음과 영을 스스로 체득해서
자기중심을 세워야 한다.

우주의 여름과 가을이 바뀌는 큰 환절기에 천지의 원주인이신 상제님이 오셔서 인류사의 뿌리를 찾아주시고, 가을 우주의 진리 열매를 내려주셨다. 지금 우리는 가을문화 수행법을 처음 맛보는 주인공들이다. 지금 인류는 가을개벽 병란상황에서 생존하기 위해 소중한 내 몸을 바꾸는 공부를 해야 한다.

1510910 저녁수행 말씀

삼신조화 도통수행법

우리는 삼신조화 도통법의 원 제작자이신
마고 할머니 이후 2만2천 년 역사를 지나서
지금 '천지의 진리 열매'로서
우리의 영대靈臺 속에 따 담는 것이다.

우리 도생은 정말 감사한 마음으로 은혜와 은총의 정서를 가지고 적극적으로 임해야 한다. 그래야 천지 기적이 일어난다.
주문을 읽을 때 형식으로 읽는 것은 의미가 없다. 주문 기운이 몸에 와서 붙어야 된다. 내면을 향해서, 심령의 중심인 하단과 상단에 시천주주와 태을주를 넣어야 된다.

1510909 저녁수행 말씀

삼신조화 도통수행법

주문 읽을 때는
안으로 의식을 가져와서 집중해야 한다.
나의 순수한 마음이 뜻이다.
구도자는 뜻이 순수해야 한다.
『환단고기』에서 전했듯이 진선미眞善美를 벗어나면
삼신 조화성령이 끊어지고 응하지 않는다.

'시천주 조화정 영세불망 만사지'를 읽으면서 중도적인 의식으로 분별의식을 다 떨어버려야 한다. 내면 수행을 해야 한다. 내 몸속에 있는 근본되는 여의주가 '순수 생각'이다. 내 생각대로 되는 것이다. 그래서 내 생각이 여의주가 되려면 마음을 비워야 된다.

1510603 의원 도수

동방에서 깨달은 신의 원형 언어, 조물주가 망량이다.

그 망량계의 무궁무진한 조화,
율려를 내 몸에 가져와야 생명의 몸, 빛의 몸이 된다.

삼신조화 도통수행법

모든 인간은 대자연, 온 우주와 한 몸이다.
동방 1만 년 삼신 문화에 밝아서
'내가 온 우주의 본체
삼신 조화성령님과 하나다.',
'나는 우주 주재자이신
삼신일체 상제님·태모님과 하나다.'라는
태일太- 심법부터 가져야 한다.

수행이 잘 되려면 어떻게 해야 하는가? 우선 '모든 인간은 대자연, 온 우주와 한 몸이다.', '내가 하늘과 땅, 해와 달과 본래 하나다.'라는 생각을 가져야 한다. 또한, '내가 온 우주의 본체 삼신 조화성령님과 하나다.', '나는 우주 주재자이신 삼신일체 상제님·태모님과 하나다.'라는 태일 심법부터 가져야 한다. 삼신일체 의식이 가장 중요하다.

1510725 저녁수행 말씀

삼신조화 도통수행법

'상제上帝님 조화기운과 삼신 조화성령님의
기운을 내 몸에 받는다.',
'삼신일체 상제님의 법신과
본체삼신 성령님의 광명이
내 몸에 받아들여진다.'고 생각하라.

몸이 아픈 사람은 편히 누워서 수행해도 된다. '상제님 조화기운과 삼신조화성령님의 기운을 내 몸에 받는다.', '삼신일체 상제님의 법신과 본체삼신 성령님의 광명이 내 몸에 받아들여진다.'고 생각하라. 그리고 숨을 들이마실 때는 하단까지 내려라. 숨을 내쉴 때는 아픈 곳, 고름 덩어리, 염증을 양자 단위로 내뿜어 버린다고 생각하라.

1510816 저녁수행 말씀

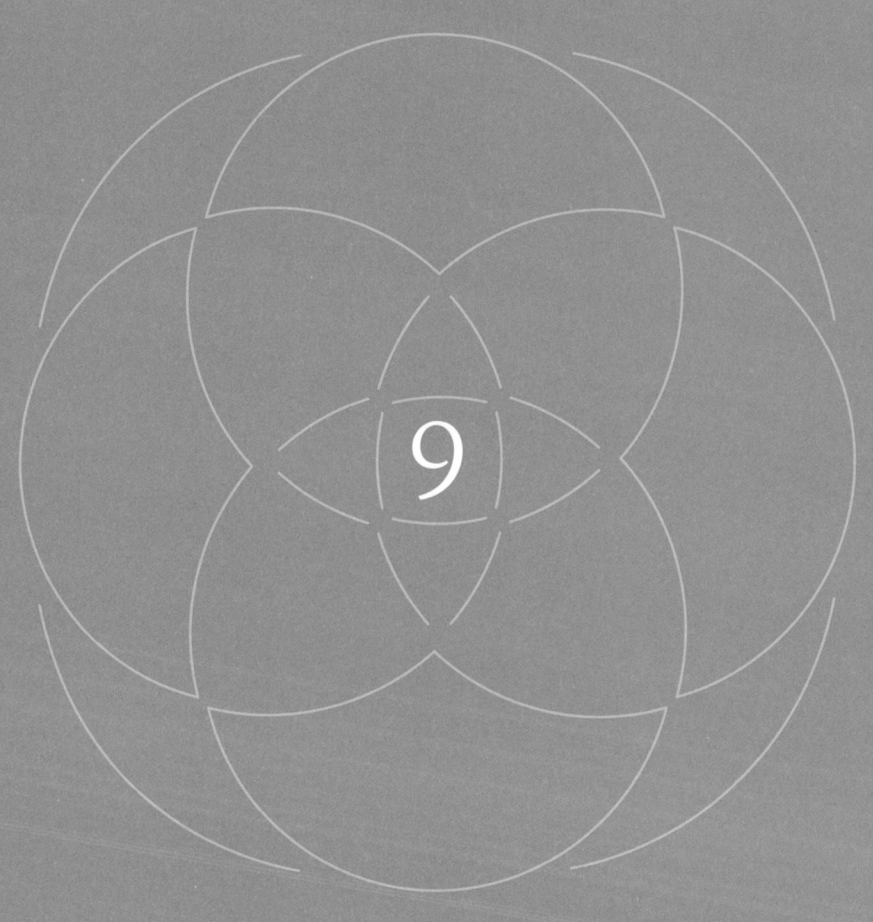

9

인간 꽃을 피워라

안경전 종도사 大道 말씀

천지부모와 삼랑

수행의 길 · 100일 필사

천지부모와 삼랑

❶

한국 문화의 원류는 1만 년 이전부터
하늘을 아버지, 땅을 어머니로 모신
'천지부모天地父母 사상'이다.
대자연을 천지부모로 모신
조화로운 문화가 한류의 원형이다.

한국 문화의 원류는 1만 년 이전부터 하늘을 아버지, 땅을 어머니로 모신 천지부모 사상이다. 대자연을 천지부모로 모신 조화로운 문화가 한류의 원형이다. 그런데 천지부모의 도를 지금은 통으로 잃어버렸다. 완전히 잃어버린 것이다. 그래서 상제님께서 오셔서 '천지를 너희 부모 모시듯 하라.'고 하시며, 천지부모의 도법을 되살려 주셨다.

1540428 부산 상생월드 힐링 선 포럼

천지부모와 삼랑

삼신상제님을 모신 무리를 '삼랑三郞'이라 했다.
우주 조화의 근원인 삼신三神을 모시고,
조화를 받는 광명의 무리가 바로 삼랑이다.

『환단고기』와『삼국유사』에는 환족桓族과 웅족熊族의 만남이 잘 그려져 있다. 환국에서 내려온 환웅천황님이 이끄는 환족과 원래 살고 있던 웅족 여왕님의 족속이 합쳐져서 실질적인 동방의 첫 나라 배달국이 탄생하게 됐다. 이런 선맥, 삼신상제님을 모신 무리를 '삼랑'이라 했다. 선비국의 선맥仙脈은 배달국과 단군조선을 통해 '낭도 문화'로 전수되었다.

1521210 대구 선정화 전수

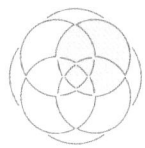

천지부모와 삼랑 ③

환국과 배달과 조선은 실존역사다.
삼랑의 역사다.
『천부경』과『삼일신고』와『홍범구주』는
한민족의 소의所依경전經典이다.

환국·배달·조선의 삼성조 시대에는 성웅을 겸비한 대신선 제왕들이 통치하면서 우주와 인간의 설계도인『천부경天符經』을 암송하고,『삼일신고三一神誥』와『홍범구주洪範九疇』를 통해 우주와 신의 세계를 노래하고, 진정한 인간의 길을 찾았다. 대한인의 선조들은 경전들을 통해서 우주 광명의 빛의 인간, 신선을 만드는 진리를 믿고 의지했다.

1521210 대구 선정화 전수

우리 수행은 생활수행이다.

우리 수행은 자연과 함께 온 우주의 시간·공간과
하나 되는 마음으로 내 몸을 근본적으로 조율하고
내 몸의 시간·공간 시스템을 완전히 바꿔서
신선의 몸을 만드는 것이다.

천지부모와 삼랑

4

지금은 대자연의 엄정한 섭리인
추살秋殺의 법도가 닥치는 때다.
이제 삼랑 문화, 뿌리 문화를 찾아,
광명의 인간으로 거듭나야 한다.

지금은 인류 문화사 최초의 경전인 『천부경』도 잘 모른다. 경제만 발전해서 돈 많이 벌고 재산만 수십억, 수백억이 되면 '만사 오케이'라 말한다. 그러나 천만의 말씀이다. 이제 80억 인류가 '영원한 죽음이냐, 삶이냐'가 결정되는 병란개벽 시간대의 중심으로 들어가고 있다. 이제 삼랑 문화, 뿌리 문화를 찾아, 광명의 인간으로 거듭나야 한다.

1521210 대구 선정화 전수

천지부모와 삼랑
5

삼랑의 선맥은
동학東學을 만나 부활하게 된다.
경주 사람 최수운이 동학을 창도하면서
삼신상제님으로부터 천명天命과 신교神敎를 받고
동방 선맥의 부활을 알렸다.

삼랑의 선맥은 동학을 만나 부활하게 된다. 경주 사람 최수운이 동학을 창도하면서 삼신상제님으로부터 천명과 신교를 받고 동방 선맥의 부활을 알렸다. 그분은 만고의 역경을 겪으면서도 '시천주侍天主, 다시 개벽, 무극대도無極大道 시대의 도래'라는 새역사의 선언을 만천하에 천명한 것이다.

1521210 대구 선정화 전수

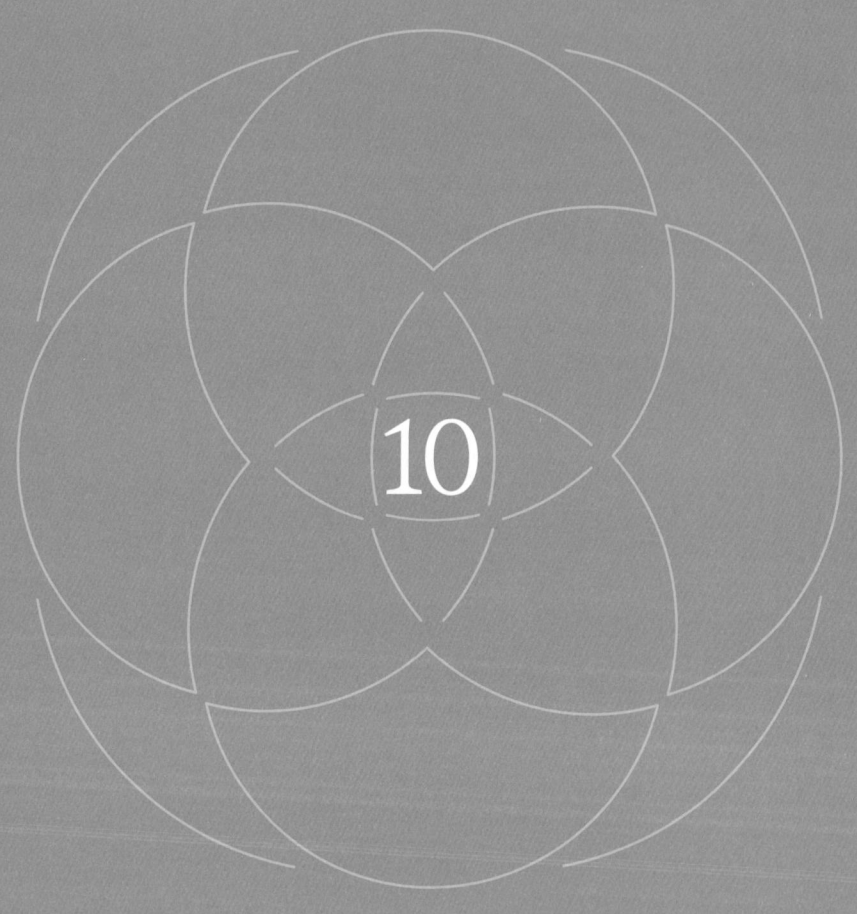

10

인간 꽃을 피워라

안경전 종도사 大道 말씀

빛의 인간

수행의 길 · 100일 필사

빛의 인간

이제 백보좌 하느님이신
상제님의 삼신조화 도통수행법으로
인류는 진정 새로운 생명으로,
빛의 인간으로 태어나는
엄청난 기적의 새역사를 활짝 펼치게 된다.

동학東學과 서교西敎의 결론은 무엇인가? 지금은 아버지 상제님을 모시고 '조화造化를 정하는 때'요, 새 하늘과 새 땅이 열리는 '다시 개벽開闢의 때'라는 것이다. 새로운 우주의 탄생 속에서 인류도 새롭게 되라는 것이다.

1521210 대구 선정화 전수

빛의 인간

시천주주와 태을주를 전수받고,
나아가 '150살 수명줄'을 내려받아야
능히 병란을 넘어 빛의 인간의 삶을 살 수 있다.

삼신三神님의 세계는 무궁무궁한 빛의 세계, 무극의 세계다. 이제 '무극의 조화기운을 한없이 퍼주시는 아버지 상제님의 조화 신선도통법이 나온다.' 는 것이 동학의 무극대도 선언이다. 본체삼신님과 주재삼신님이 하나 되어 인류 문명을 새롭게 바꿔놓으시는 것이다. 상제님의 조화문화, 빛의 문화로 인류사가 거듭나게 된다.

1521210 대구 선정화 전수

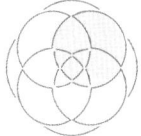

빛의 인간

우주의 정신과 혼백이 일체돼서
우주이법이 지향하는 가장 이상적인 존재,
궁극의 존재인 '신선 인간'이 된다.
신선 인간은 '빛의 인간'이다.
신선 인간은 '광명의 인간'이다.

태을주太乙呪는 우주의 혼백을 불어넣는 주문이고, 시천주주侍天主呪는 우주의 정신을 불어넣는 주문이다. 그래서 우주의 정신과 혼백이 일체돼서 균형되게 제자리를 잡으면 우리의 정신이 우주 정신혼백과 합일되는 것이다.

1510903 종무의회

우리 몸속에는 온 우주와 소통되는 빛의 통로가 있다.
바로 상단과 중단과 하단이다.
이곳을 통해 망량님 세계, 빛의 세계로 갈 수 있다.

일찍이 환단시대 선조들은
상단과 중단과 하단을 조화신, 교화신, 치화신이
각각 주관하신다고 했다.

빛의 인간

우리는 단순히 병을 고치기 위해
수행하는 것이 아니다.
광명한 우주와 같은
'빛의 인간'으로 태어나기 위해서 수행한다.
그리하여 '후천 5만 년 무병장수의
이상 세계'를 건설하려는 것이다.

꽃(선정화仙定花)과 주문呪文 소리가 완전히 일체가 될 때 정말로 몸 재생再生이 잘 된다. 그래서 '어디가 저리고 아프다. 장부가 고장났다. 염증이 생겼다.' 하면 그 부분에 꽃을 집중적으로 심고, 주문 기운을 넣어봐라.

1540520 대구 선정화 빛꽃 수행

빛의 인간

빛꽃 수행은 대우주의 빛을
몽땅 한 송이 꽃으로 가져와서
내 몸에 수억조 송이를 심고 빛 폭발시켜서
'빛의 인간'으로 만드는 것이다.
이 수행은 빛 폭발을 하는 만큼
건강해지고 수명이 늘어난다.

우리 수행은 생활수행이다. 우리 수행은 자연과 함께 온 우주의 시간·공간과 하나 되는 마음으로 내 몸을 근본적으로 조율하고 내 몸의 시간·공간 시스템을 완전히 바꿔서 신선의 몸을 만드는 것이다.

1540606 의원 도수

11

인간 꽃을 피워라

안경전 종도사 大道 말씀

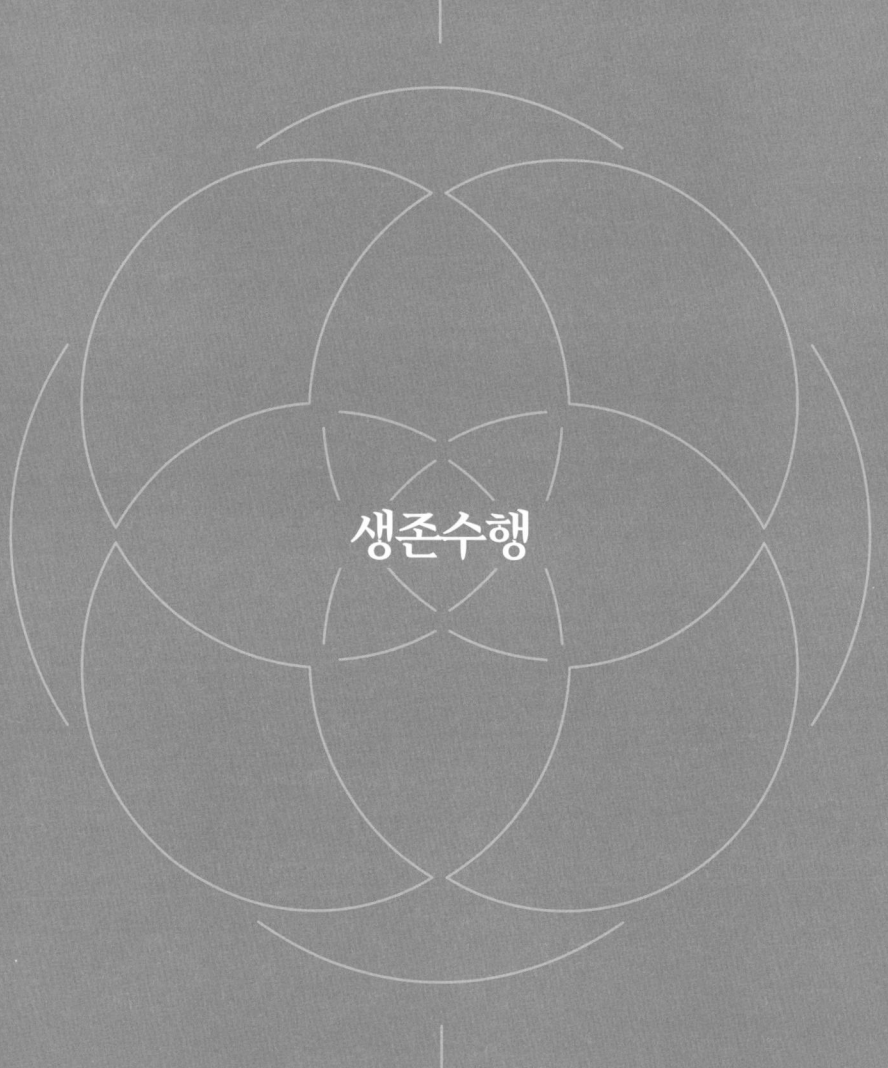

생존수행

수행의 길 · 100일 필사

생존수행

이제 대개벽기에 닥치는 추살秋殺 병란病亂으로
지구촌 인간 씨종자를 추린다.
여기서 공자, 석가, 예수를 내려보내신
아버지의 조화 신선 도통법이 나온다.
그 도통법이 무엇인가?
삼신조화 도통법이다. 바로 '생존 도통법'이다.

태상종도사님 말씀처럼 천지의 도는 '춘생추살春生秋殺'이다. 이제 대개벽기에 닥치는 추살병란으로 지구촌 인간 씨종자를 추린다. 여기서 공자, 석가, 예수를 내려보내신 아버지의 조화 신선 도통법이 나온다. 그 도통법은 삼신조화 도통법, 생존 도통법이다. '생존 도통법'은 원래 상제님이 쓰신 언어다.

1520227 저녁수행 말씀

생존수행 ❷

상제님께서
병란개벽의 실제상황의 전야를 맞아
삼신조화수행법을 전수하심은
모든 도생道生이 대병란의 본론장을
넘어서게 하려는 것이다.

상제님께서 병란개벽 실제상황의 전야를 맞아 삼신조화수행법을 전수하심은 모든 도생이 대병란의 본론장을 넘어서게 하려는 것이다. 그러니 '자신의 생존을 위해서 반드시 해야 된다.'는 생각을 갖고 과감하게 실천하기 바란다. 생명을 바쳐서 수행하려는 단호함이 있어야 된다.

1511215 저녁수행 말씀

생존수행
3

우리는 개벽상황을 대비해서
어떤 병란에도 무너지지 않는 신선 몸의
토대를 닦아야 한다.
늘 밤이나 낮이나 시간 있으면
우주와 한마음이 되는 수행을 즐겁게 해야 한다.

수련은 영원히 지속하는 것이다. 도통을 하고도 더 많이 해야 한다. 나중에 신선이 돼서 천상에 올라가서도 계속 해야만 하는 것이 수행이다. 그러니 생활수행을 해야 한다. 늘 밤이나 낮이나 시간 있으면 우주와 한마음이 되는 수행을 즐겁게 해야 한다.

1511118 저녁수행 말씀

지금은 생존수행을 할 때다.

도통만이 진정으로 인간문명을 새롭게 할 수 있다.
우리 한 사람 한 사람이 소중한 우주의 중심체, 우주의 본체다.

생존수행 ❹

우리는 가을개벽의
실제 병란 상황에서 살기 위해서
'생존 도통 수행법'을 꼭 마스터해야 한다.
그래야 우선 내가 살고, 가족을 살리고,
이웃을 건질 수 있다.
그게 상제님의 천지공사 명령 아닌가.

우리는 가을개벽의 실제 병란 상황에서 살기 위해서 '생존 도통 수행법'을 꼭 마스터해야 한다. 그래야 우선 내가 살고, 가족을 살리고, 이웃을 건질 수 있다. 그게 상제님의 천지공사 명령 아닌가.
그러니 전 도생은 자신부터 체험하고 단계적으로 문화선언을 통해서 가족과 이웃, 세상을 건져내야 한다.

1511119 저녁수행 말씀

생존수행 ❺

앞으로 병란이 거세지면
생존이 불가능한 상황으로 가게 된다.
여기서 살아남는 최후의 생존자가
인생의 진정한 '마지막 챔피언'이 된다.

앞으로 병란이 거세지면 생존이 불가능한 상황으로 가게 된다. 여기서 살아남는 최후의 생존자가 인생의 진정한 마지막 챔피언이 된다. 주변의 가족, 천륜은 후천에 데리고 가야 되잖은가. 그들을 원형문화를 찾는 문화운동에 합류시키다 보면 자연적으로 다 도인道人이 되는 것이다.

1511214 저녁수행 말씀

12

인간 꽃을 피워라

안경전 종도사 大道 말씀

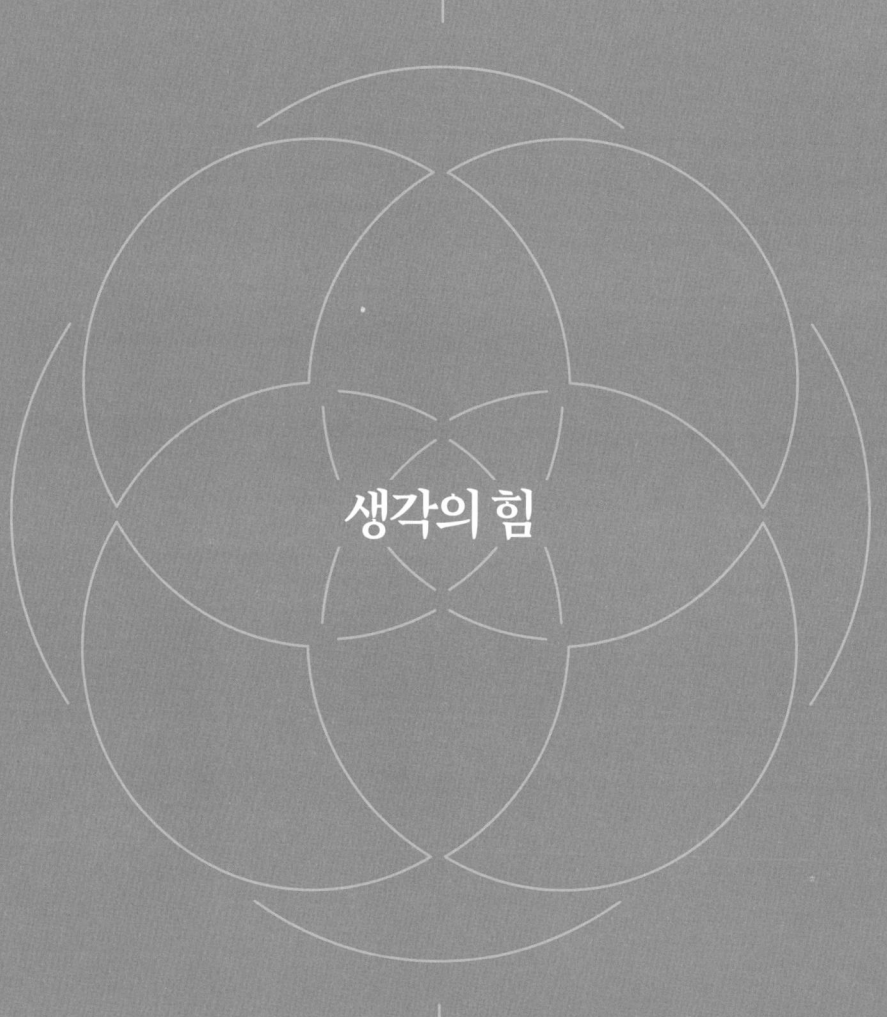

생각의 힘

수행의 길 • 100일 필사

생각의 힘

집중執中과 몰입沒入에 의해서
모든 게 이뤄진다.
무엇보다 중요한 것은
주문 기운과 내 의식이 하나 되는 것이다.

집중과 몰입에 의해서 모든 게 이뤄진다. 구도자가 잡념을 갖고 딴 데 의식을 뺏기면 수행기운이 모이지 않는다. 그래서 무엇보다 중요한 것은 주문 기운과 내 의식이 하나 되는 것이다.

1530112 동방신선학교

생각의 힘

크게 깨지는 만큼 꽃의 빛이 크게 폭발한다.
생각이 중요하다.
율려조화 꽃의 힘과 깨달음으로 열려있는
내 생각의 힘이 하나 될 때
무궁한 조화가 터진다.

우리는 우주의 소중한 큰 꿈을 성취하는 존귀한 몸이다. 그러니 몸을 잘 다뤄야 하고, 정말로 아껴야 한다. 진리에 대한 원원한 본래 가르침을 한두 줄 딱 써놓고, 자꾸 축적시켜라. 그 속에서 어마어마한 힘을 얻게 된다. 크게 깨지는 만큼 꽃의 빛이 크게 폭발한다. 생각이 중요하다.

1530520 자시수행

생각의 힘

진리의 근원 뿌리와 바탕, 주문을 확신하면 할수록
마음속에 진리의식이
충만해져서 수행이 더 잘 된다.
사람의 진리 성숙도에 따라서
의식의 힘이 다른 것이다.

진리의 근원 뿌리와 바탕, 주문을 확신하면 할수록 마음속에 진리의식이 충만해져서 수행이 더 잘 된다. 주문을 그냥 읽는 것과 진리적 확신을 갖고 읽는 건 다르다. 한마디로, 그 사람의 진리 성숙도에 따라서 의식의 힘이 다른 것이다. 수행의 집중도, 성숙도에 따라서 몸으로 기운 받는 것이 다르단 말이다.

1510916 저녁수행 말씀

상제님께서는 일심집중一心執中을 강조하셨다.
한마음으로 집중해야 한다.
일심은 걷어붙이고 몰입하는 것이다.

그다음에 허허공공虛虛空空한 마음으로 해야 한다.
내 몸을 비우고 마음을 진공처럼 비워야 한다.
잡념을 가지고 해서 좋을 게 없다.

일심집중하고 허허공공한 마음을 갖고 정단精丹을 향해서
주문의 빛을 집어넣고 하면 재미나고 즐겁게 수행이 잘된다.

생각의 힘

내 몸의 오장육부 五臟六腑가 튼튼해서
정신혼백이 잘 구성되면
전체적으로 '생각의 힘'이 높아진다.
생각이 창의적이고, 영감적이며,
과거와 현재, 미래를 소통시키는
열린 생각을 하게 된다.

인간 몸속의 정신혼백은 오장육부에 있다. 정精은 신장에 있고, 신神은 심장에 있다. 혼魂은 간이 집이고, 넋[백魄]은 폐가 집이다. 이 정신혼백의 결과물이 뭐냐 하면 인간의 순수의식純粹意識의 도수度數다.
내 몸의 오장육부가 튼튼해서, 정신혼백이 잘 구성되면 전체적으로 '생각의 힘'이 높아진다.

1510914 저녁수행 말씀

생각의 힘

호흡과 의식이 하나 돼야
본래 성품과 본래 목숨을 볼 수 있다.
그러니 의식을 집중해야 한다.

「단군세기 서문」은 기氣와 신神의 관계를 말하고, '오신지신吾身之神이 여기 與氣로 합이후合而後에 오신지성여명吾身之性與命을 가견의可見矣오.'라고 했다. 내 몸의 신이 기와 결합된 후에야 내 몸속의 본래 성품과 나의 목숨을 볼 수 있다는 것이다.
잡념을 끊고, 원신으로 수행하고, 의식을 집중해야 공부가 된다.

1511029 의원 도수

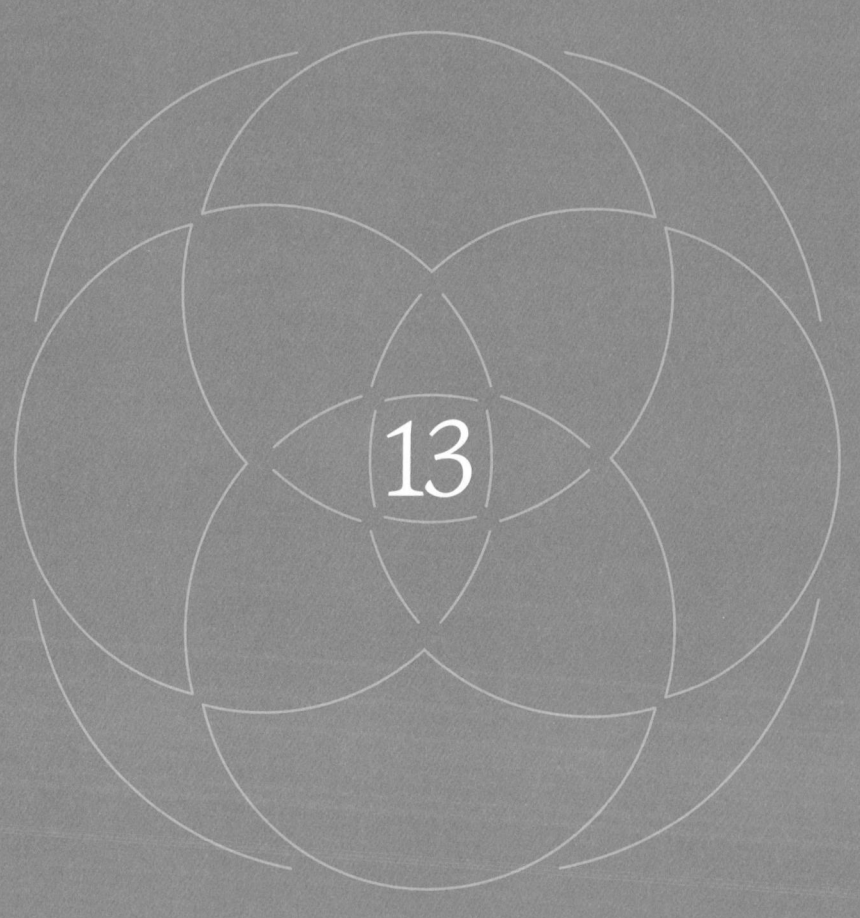

13

인간 꽃을 피워라

안경전 종도사 大道 말씀

원십자, 무극의 조화바다

수행의 길 · 100일 필사

원십자, 무극의 조화바다

수행 전에 "오환건국吾桓建國이 최고最古라."(『환단고기』)
'우리 환족의 나라 세움이 가장 오래 되었다.'를 읽어라.
또는 『천부경』 한 구절을 눈감고 외우면
수행도 더 잘 된다.
눈을 가만히 감고 우주 원십자 중심에 앉아라.

눈을 가만히 감고 '우주 원십자 중심'에 앉아라. 마음을 비우고 호흡하라. 호흡을 통해 심신心身의 안정을 얻고, 몸에 쌓인 노폐물을 녹여버려야 한다. 이런 공부 기운의 바탕 위에 진득하게 주문 자체가 돼야 한다. 호흡과 주문을 온몸으로 느껴야 한다.

1541104 의원 도수

원십자, 무극의 조화바다 ❷

좌표의 종과 횡으로
원십자를 확고하게 긋는 것이 중요하다.
앉을 때 좌표를 잘 잡는 것이
궁극의 무극 세계, 영영(0.0) 세계에
들어가는 첩경이다.

좌표를 제대로 설정하는 순간 이미 잡념이 떨어진다. 잡념이 떨어지면 우주 무극의 바다로 그냥 첨버덩하고 들어가는 것이다.

1510913 저녁수행 말씀

원십자, 무극의 조화바다 ③

우주 원십자 자리와 내 몸의 회음會陰을
연결해야 한다.
그래야 '한순간에 내가 우주의 무극대도의 바다,
무궁한 빛의 세계에 들어왔다.'는 인식이 되고,
실제로 그 기운을 받는 것이다.

정단을 만들 때는 언제 어디서나 움 훔 수행을 허거나, 시천주주와 태을주를 송주해야 한다. 그리고 수행을 시작할 때 '무극대도의 조화의 무궁한 빛의 세계에 들어간다.'고 생각해야 된다. 이를 위해 앉을 때는 열십자를 긋고 원을 그리고, 중앙 포인트에다가 자신의 회음을 맞춰야 한다. 이게 아주 중요하다.

1530402 자시수행

앞으로 인류 문명의 유일한 주제는 조화다.
조화를 음양언어로 율려라 한다.

우리가 율려에 눈 뜨고 율려에 대해서
진리적인 언어를 정확하게 쓸 수 있어야
진짜 도인이 되는 것이다.

원십자, 무극의 조화바다 ❹

수행할 때는 늘 우주의 원십자를 딱 찍고,
수행에 대한 순수한 마음을 가져야 한다.
"0,0 좌표에 제대로 앉아도 내가 응한다."는
태허령님의 말씀을 명심해야 한다.

구도자는 정성精誠스러워야 한다. 정성으로 참된 마음, 순수한 마음이 지속된다. 도를 구하려는 정성이 있어야 초발심初發心, 순수한 마음이 지속될 수 있다. 또한 구도자는 공경恭敬하고 기도할 줄 알아야 한다. 삼신 망량님께 진실한 마음으로 기도해야 한다.

1540801 의원 도수

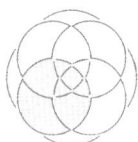

원십자, 무극의 조화바다
5

태성령님의 세계는
우주 원십자의 중앙 즉 적멸寂滅과 무현無玄이 만나는
중심의 하얀 공간 정사각형에 딱 앉아서
생각을 완전히 끄고서 주문을 읽다보면
쑥 들어간다.

우리는 본체 삼신님과 소통을 잘 해야 한다. 태성령님께서는 '야, 나의 세계에 올라와서 우주 빛의 세계를 한번 봐라.'고 하신다. 무변광대無邊廣大하게 벌여 있고, 너무너무 맑고 순수하며, 신성함이 꽉 차 있는 세계. 그 세계의 숭고함에 숨이 막힐 지경이고, 압도되는 기운이 있다.

1530713 의원 도수

14

인간 꽃을 피워라

안경전 종도사 大道 말씀

천신단

수행의 길 · 100일 필사

천신단

신단神壇을 모시면 무엇이 다른가?
신도에서 한순간에 내려오는 통로가 생긴다.
천신단 앞에 단정히 무릎 꿇고
청수 올리고 기도하고 수행하는 구도자,
그 사람이 진정한 인류의 희망이다.

가정에 정성껏 기도할 수 있는 천신단天神壇을 잘 운영해야 한다. 그냥 청수만 모시는 것과 신단을 통해 정식으로 제대로 모시는 것은 전혀 차원이 다르다. 천신단 앞에 단정히 무릎꿇고 청수 올리고 기도하고 수행하는 구도자, 그 사람이 진정한 인류의 희망이다.

1510130 아침수행 말씀

천신단

인간은 우주 본체계本體界의
삼신조화 성령님을 깨닫고,
나아가 내 생명을 매개해 주신
부모, 조상님을 모실 줄 알아야 한다.
부모, 조상님 없이 어디서 태어났는가.

이 대우주에서 가장 신선하고 신비롭고 절대적인 존재는 누구인가? 우주 본체계의 삼신조화 성령님의 기운이 그대로 깃들어 있는 인간이 우주에서 가장 숭고한 존재다. 그리고 나를 낳아준 부모님과 선령님은 한 가정의 가장 소중한 존재 중의 존재들이다. 그래서 앞세상 광명문화를 열기 위해서는 가정도장家庭道場이 중요하다.

1510130 아침수행 말씀

천신단

우리는 우주의 원신元神과 주신主神을
잘 알아야 한다.
이제 우리는 삼신칠위성령님을 모심으로써
삼신님의 우주 조화의 빛 세계에 들어가고,
상제님이 주재하시는 선仙문화를
열어나가게 된것이다.

151주 상제님 성탄치성을 맞아 상제님 어진에는 본체삼신이신 태허령太虛靈님과 태성령太聖靈님과 태광령太光靈님을 모셨고, 태모님의 어진에는 정鄭수부首婦님과 김金 수부首婦님을 모셨다. 이제 삼신칠위성령三神七位聖靈님을 천신단에 다 모시게 되었다. 우리는 삼신님의 우주 조화의 빛 세계에 들어가고, 상제님이 주재하시는 선문화를 열어나가게 된 것이다.

1510803 저녁수행 말씀

결국 깨달음은 신관神觀을 바로 세우는 것이다.

신에 대한 총체적 깨달음이
근원적인 보편의 조화경계에서 인식되지 않으면
도통道通이 절대로 열릴 수가 없다.

천신단

우리는 본부 태을궁과
각 지역 도장을 소중히 여겨야 한다.
도장은 우주의 신도神道의 통로가
다 열려 있는 성소聖所이기 때문에
정말로 제대로 된 구도자라면
도장 중심 생활을 해야 한다.

가가도장家家道場도 중요하지만, 자신이 속한 도장과 본부 태을궁을 위주로 참여해야 한다. 실제로 도장에 가면 기운이 10배 이상은 내린다.
'나는 도장에 나가는 것이 귀찮다. 가가도장에서 예식을 올리고 하면 되는 것 아닌가' 하는 도생도 있다. 그런데 신도에서는 그런 심법도 다 체크해서 기운을 내려주심을 명심해야 한다.

1521012 저녁수행 말씀

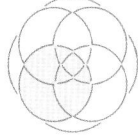

천신단

상제님 일꾼은
'자신의 몸이 천지 소도蘇塗의 솟대다.'라는
생각을 가져야 한다.
그런 의식을 갖고 기도해야
주문 기운도 크게 발동하고,
선정화仙定花도 강건해진다.
그런 빛꽃을 심어줘야 치병도 잘 되는 것이다.

상제님 일꾼은 '자신의 몸이 천지 소도의 솟대다.'라는 생각을 가져야 한다. '내가 천지 솟대다. 나는 태일太一이다.'라는 생각으로 천신단 앞에 합장하고 '시천주주 도심주道心柱를 내려주옵소서.'하고 날마다 기도하라.

1520710 저녁수행 말씀

15

인간 꽃을 피워라

안경전 종도사 大道 말씀

몸속 빛의 통로

수행의 길 • 100일 필사

몸속 빛의 통로 ❶

우리 몸속에는 온 우주와 소통되는
'빛의 통로'가 있다.
바로 상단上丹과 중단中丹과 하단下丹이다.
이곳을 통해 망량님 세계,
빛의 세계로 갈 수 있다.

우리 몸은 대우주의 회심 작품으로 우주가 압축된 것이다. 다시 말해 대우주 전체 진화 과정의 시간과 공간의 축약판이 지금 여기에 있는 우리다. 그래서 인간은 소천지小天地이다. 온 우주 생명의 이치, 조화의 창조 이치가 우리 몸에 축약돼 있단 말이다. 일찍이 환단시대 선조들은 상단과 중단과 하단을 조화신, 교화신, 치화신이 각각 주관하신다고 했다.

1531203 삼랑대학

몸속 빛의 통로 ❷

우리 인간의 몸속에는
세 개의 빛의 통로가 있다.
바로 하단과 상단과 중단이다.
하단에는 정精, 상단에는 신神이 있고,
중단에는 명줄이 있다.

여동빈 선사의 『태을금화종지』를 보면 인간 몸속 세 가지 중심축을 하단의 정수精水, 상단의 신화神火, 중앙 명단의 의토意土라 했다. 수행문화에서 정수와 신화와 의토는 아주 중요한 중심축이 된다. 몸 속 정수와 신화와 의토를 막 교류시키고 순환시켜야 한다. 일체의 잡념을 끊고 호흡에 집중하면서 주문을 읽으면 굉장히 재미있고 신성한 경험을 하게 된다.

1521213 동방신선학교

몸속 빛의 통로

몸에 있는 빛의 통로인
상단과 중단과 하단을 정화하고,
에너지를 충분히 축적해야 한다.
하단에 정기를 축적하고,
상단에서는 명화하고,
그 최종 결과물이 중단의 명단에서
열매를 맺는다.

대우주의 무변광대한 시공간 속에서 만들어진 정수가 밀집돼서 나온 것이 자신의 몸이다. 또한 우리 몸은 헤아릴 수 없는 조상들의 기도와 기원이 더해져서 기적적으로 나온 것이다. 그러니 이 존귀한 몸을 제대로 인식부터 하고, 진리를 갈구하며 수행해야 한다.

1541112 의원 도수

율려는 우주를 낳은 '조화 소리'다.
우주 자궁의 소리가 율려다.

인간이 율려 기운을 내려받아 몸에 싣는 것이 진정한 수행이며
도통道通이자 치유治癒다.

몸속 빛의 통로

④

우리 인간 몸속에 있는 빛의 통로인
세 개의 단丹에 빛을 채워야 한다.
시천주주와 태을주를 산소호흡 하듯
염념불망 송주하면 빛이 뭉쳐진다.

우리 인간 몸속에 있는 빛의 통로인 세 개의 단에 빛을 채워야 한다. 시천주주와 태을주를 염념불망 송주하면 빛이 뭉쳐진다. 이번에는 그렇게 하는 사람만이 살아남고 후천선경 문명의 주역이 된다.
하도河圖는 '화생토火生土 토생금土生金의 이치'를 보여줬다. 그때는 우주의 절대적인 죽음의 법칙이 닥친다. 사는 길은 토土 자리를 잡는 것뿐이다.

1520713 저녁수행 말씀

몸속 빛의 통로
5

수행과 건강은 무조건
하단을 중심으로 해야 한다.
하단의 정단精丹 만들기가
모든 공부의 기초 토대이자,
성공하는 공부의 관건이다.

정단이 만들어지지 않으면 '명상을 하네. 몸을 건강하게 만드네.' 하는 일은 다 허사가 된다. 그만큼 정단이 근본이 되는 것이다.
그러니 우리 몸의 정단을 만드는 것이 수행공부 성사의 토대임을 명심하고, 정을 매일 축적해야 한다.

1530203 동방신선학교

16

인간 꽃을 피워라

안경전 종도사 大道 말씀

충맥 및 임독맥 뚫기

수행의 길 · 100일 필사

충맥 및 임독맥 뚫기

천지성령을 직통으로 받기 위해서는
내 몸의 중심맥인, 충맥衝脈부터 뚫어야 한다.
도통도 이 맥을 통해 내려온다.

태고시절에는 우주광명 문화가 살아있었다. 환국·배달·단군조선 때는 충맥을 뚫는 수행을 통해 천지성령을 직통으로 받았다. 이 맥이 막히면 수행이 잘 안 된다. 이 맥이 막히지 않은 어린 시절부터 공부해야 한다. 그래야 호연이처럼 그 성취가 빠른 것이다.

1510712 아침수행 말씀

충맥 및 임독맥 뚫기

충맥은 대우주의 '빛의 절대 세계'와 소통하는
내 몸의 빛 기둥이다.
수행자는 가장 먼저 빛의 통로인 충맥을 뚫고,
도심주道心柱를 잡아야 한다.

충맥이 막히면 하늘에서 아무리 기운을 열어줘도 50%, 30%도 못 받고 양쪽으로 흘러내린다. 수행자는 가장 먼저 빛의 통로인 충맥을 뚫고, 도심주를 잡아야 한다. 그래야 정확한 판단력이 서고, 적극적인 액션을 취할 수가 있다.

1540608 만물대선록 대천제

충맥 및 임독맥 뚫기

충맥이 뚫려야 기혈氣血 순환이
훨씬 더 원활하게 되고,
건강 확보하는 데도 아주 절대적인 관건이 된다.
충맥 뚫는 공부가 수명 연장하는 공부의
대전제가 된다.

충맥을 뚫는 것은 참으로 중요하다. 충맥이 뚫려야 기혈 순환이 훨씬 더 원활하게 된다. 건강을 확보하는 데도 아주 절대적인 관건이 된다. 충맥은 반드시 100% 다 뚫어 놔야 한다. 충맥 뚫는 공부가 수명 연장하는 공부의 대전제가 된다.

1511004 의원 도수

우리는 신선도통문화를 생활화하고,
닦는 만큼 전해줘야 된다.

무엇보다 자신이 체험한 것을 전해야 한다.
의원 도수 중심으로 광선여의봉, 빛기둥을 받아서
아픈 사람을 치유해봐야 한다.

충맥 및 임독맥 뚫기

왜 체험이 안 되는가?
우선 가장 중요한 것은 충맥이 안 뚫려서 그렇다.
수행자는 틈만 있으면
중앙의 충맥부터 뚫어야 한다.

신선궁에 들어가서 천장에서 헤아릴 수 없는 '신의 유전자'가 쏟아지게 들어와서 뚫는 법도 있고, 광선여의봉을 만들어서 뚫을 수도 있다.
충맥을 뚫을 때는 의식을 집중해야 한다. 강하게 생각으로 뭉쳐서 싹싹싹 하면서 뚫어야 한다.

1511004 의원 도수

충맥 및 임독맥 뚫기

우리가 충맥과 임독맥을 뚫는 것은
내 몸을 근본적으로 바꾸는
아주 중대한 기초 정화작업이다.
충맥과 임독맥이 열린 만큼
정단이 잘 만들어지고, 영이 맑아진다.
몸도 가벼워지고 건강회복도 확실히 빨라진다.

기초 수행이 왜 중요한가? 왜 충맥과 임독맥을 정화해야 하는가? 중앙의 충맥과 앞뒤의 임독맥이 정화돼야 몸을 복원해서 건강하게 만들고, 면역력을 강화시킬 수 있다. 충맥과 임독맥이 열린 만큼 정단이 잘 만들어지고, 영이 맑아진다. 몸도 가벼워지고 건강회복도 확실히 빨라진다.

1530512 자시수행

17

인간 꽃을 피워라

안경전 종도사 大道 말씀

호흡의 중요성

수행의 길 · 100일 필사

호흡의 중요성
❶

모든 수행의 원천,

제1의 근본 틀은 호흡呼吸이다.

숨을 쉰다는 것이 얼마나 큰 생명의 기적이며,

감사한 일인가.

그러니 대자연에 감사한 마음으로

숨을 섬세하게 느끼면서 호흡해 보라.

모든 생명현상은 호흡을 바탕으로 한다. 우리는 태어나는 순간부터 죽는 순간까지 숨을 쉬며 산다. 대자연에 감사한 마음으로 숨을 섬세하게 느끼면서 호흡해 보라. 숨을 아주 섬세하게 깊이있게 느끼면서 수행하는 것이 무척 중요하다.

1530512 자시수행

호흡의 중요성 ❷

호흡은 참으로 중요하다.
호흡은 '나의 신이 가는 길'이다.
호흡을 잘하면서 나의 의식이
하단과 상단을 응시함으로써
제대로 된 주인 역할을 해야 한다.

마음을 비우고 생각을 집중하라. 나의 신과 기를 하나로 묶어 집중하는 것이 수행 공부다. 수행 공부의 공식은 '나의 정신의 신과 몸속에 들어온 외기의 기를 하나로 묶는 것'이다.

1510913 저녁수행 말씀

호흡의 중요성 ❸

수행할 때는 반드시 잡념이 떨어진 진정한 호흡,
진리의식으로 충만한 호흡을 해야 한다.
이런 호흡이 진식眞息이다.
잡념이 섞인 호흡은 범식凡息이라 한다.

범식은 평범한 사람의 호흡이다. 범식은 내 몸과 영을 불태우고, 내 생명의 에너지원을 갉아먹는 호흡이다. 그러니 수행자는 생각이 끊어진 경계에서 머리의 원신으로 숨을 쉬어야 한다. 그것이 진정한 호흡이다. 진식 의식이 있어야 공부가 빠르다.

1511115 저녁수행 말씀

인간은 왜 수행을 해야 하는가?
인생으로 태어난 삶의 존재 목적을 깨닫기 위해,
인간이란 어떤 존재인가에 대한 실존 문제를 풀기 위해서다.

그 해답은 오직 몸과 마음으로 직접 체험해야 된다.
따라서 인간은 누구도 수행해야 된다.

사실 우리는 수행을 하기 위해서 태어났다.
수행을 통해서 자신의 참모습을 보기 위해서 존재하는 것이다.

호흡의 중요성

호흡에는 외호흡과 내호흡이 있다.
코로 하는 호흡은 외호흡이고,
내면의 의식으로 하는 호흡은 내호흡이다.
이 외호흡과 내호흡이 일체가 돼야 한다.

코로 하는 외호흡과 내면의 의식으로 하는 내호흡이 일체가 돼야 한다. 그 경계에서 주문을 읽으면 빛이 뭉쳐져서 백옥 같은 알이 생긴다. 정단 만드는 것이 내 몸을 완전히 새롭게 조율해서 건강과 정서를 회복하고 치유하는 큰 일이다.

1511115 저녁수행 말씀

호흡의 중요성

몸을 조율하는 게 호흡이다.
깊은 호흡을 하면서
몸을 완전한 우주 감성체로 복원시켜야 한다.

우리는 대우주와 숨을 통해 연결돼 있다. 일하다가 5~10분이라도 가만히 눈을 지그시 감고 호흡에 집중해 보라. 숨을 깊게 쭉 내쉬고 들이마시면서 마음을 조율하면 몸속의 탁한 기운이 점점 정화된다.

1520104 저녁수행 말씀

18

인간 꽃을 피워라

안경전 종도사 大道 말씀

시천주주와 태을주

수행의 길 · 100일 필사

시천주주와 태을주

빛의 근원세계를 율려律呂라 한다.
율려 기운을 받는 조화 주문인
시천주주侍天主呪와 태을주太乙呪를
상제님께서 내려주셨다.

증산도 수행은 율려 조화를 받아 질병으로부터 몸을 보호하고, 궁극적으로 괴질 병란을 극복하게 해 준다. 율려 기운을 채우는 만큼 병으로부터 자신을 지키게 된다.

1540507 봉직자 도훈

시천주주와 태을주

시천주주와 태을주는
우주의 원음原陰인 옴과 훔에서 시작된
우주 노래가 완성된 주문이다.
두 주문은 우리 몸에 율려조화를
가져오는 생명의 주문이다.

시천주주는 우주 세계를 다스리시는 아버지 상제님의 무궁한 조화권을 내 몸으로 가져오는 주문이다. 시천주주를 일심으로 송주하면 우주에서 제일 강력한 조화권, 초강력한 조화권이 발동된다.

1540517 울산 빛꽃 수행

시천주주와 태을주

우리가 시천주 주문을 읽는 것은
천지 원주인이신 상제님의 도통권을
가져오는 것이고,
태을주를 송주하는 것은
우주 삼신 망량님, 무궁한 빛의 조물주 세 분의
빛 기운을 내 몸에 싣는 것이다.

시천주주와 태을주는 빛의 주문이다. 빛의 조화, 율려 주문을 마음으로 읽거나 소리를 내어서 읽으면, 실제 몸이 자꾸 재생되고 점점 좋아진다.

1540501 대구 빛꽃 수행

상제님의 조화문화, 빛의 문화로 인류사가 거듭난다.

시천주주와 태을주를 전수받고,
나아가 150살 수명줄을 내려받아야
능히 병란을 넘어 후천 세상에서 신선의 삶,
빛의 인간의 삶을 살 수 있다.

시천주주와 태을주

태을주는 치유治癒하는 주문이며,
천지의 수기水氣를 저장하는 주문이다.
우주의 통치자 아버지 상제님이
옴과 훔 소리를 완성해 주신 주문이 태을주이다.

태을주는 어떤 주문인가? 한마디로 치유하는 주문이며, 천지의 수기水氣를 저장하는 주문이다. 상제님은 '내가 모든 천지의 약 기운을 태을주에 모아 놨다. 약은 태을주다.', '태을주는 우주 율려다.'라고 말씀 하셨다.

1540520 대구 빛꽃 수행

시천주주와 태을주

태을주는 우주의 율려 기운을 받는 약藥주문이다.
삼신 망량님의 빛의 조화를 가져오는 주문이
바로 태을주이다.

우리는 늘 태을주를 송주하면서, '우주의 영원한 빛과 하나 되어 영원히 변치 않는 한마음을 가진 절대적인 구도자가 되겠다.'는 서원을 세워야 한다. 절대 일심을 가진 부동명왕不動明王이 되어야 한다.

1540520 대구 빛꽃 수행

19

인간 꽃을 피워라

안경전 종도사 大道 말씀

치병의 길

수행의 길 · 100일 필사

치병의 길

❶

의원 도수에는 신선 도수와
갱소년 도수가 함께 어우러져 있다.
자기 몸을 치병하고, 신선의 몸으로 바꿔가며,
갱소년이 되는 것이다.

우리는 지구촌 형제들에게 상제님께서 내려주신 '후천 조화신선 무병장수 의원 도수'를 전해야 한다. 의원 도수에는 신선 도수와 갱소년 도수가 함께 어우러져 있다. 자기 몸을 치유하고, 신선의 몸으로 바꿔가며, 갱소년이 되는 것이다. 그리하여 인류 삶의 틀이 바뀌게 된다.

1521024 저녁수행 말씀

치병의 길 ❷

선정화는 율려 조화의 꽃이다.
선정화를 받아서 자기 몸부터 치유하고,
나아가 가족과 주변의 아픈 사람들을
치병해야 한다.
병원에서 못 고치는 병도 빛꽃의 조화로
치유해 봐야 한다.

면역을 아주 극대화하는 조화, 면역력을 최상의 경계까지 올리는 무궁무진한 율려 조화가 선정화에 담겨 있다. 그러니 꾸준히 소중한 내 몸에 선정화를 하루에 1시간 이상 심는 공부를 해야 한다.

1520717 저녁수행 말씀

치병의 길 ❸

법신法身 문화,
조화 빛의 여의주如意珠 문화에서는
생각(뜻)과 믿음이 중요하다.
정말 치병을 하려면,
100% 확신하고 강하게 실천해야 한다.
그래야 실제로 몸이 좋아진다.

어떤 사람이 믿음이 순박하면서도 의지가 강하면, 광선여의봉을 아픈 장기에 넣어서 낫게 할 수 있다. 그런데 어떤 사람은 전혀 작동이 안 된다. 왜 그런가? 생각의 차이요, 믿음의 차이다.

1520830 저녁수행 말씀

이제 빛꽃 선정화를 생각으로
자신있게 툭툭 아픈 곳에 넣는다.

환부에 집중해서 심고,
중간중간 리듬을 넣어서 착착착착 심으면 된다.
단순히 장부에만 심는 게 아니라 작은 세포 단위까지
더 깊게 심어야 한다.

치병의 길 ❹

치병이 되려면
우선 환자가 살려고 하는 의지^{意志}가 있어야 한다.
그리고 치병해 주는 사람의 정성^{精誠}이
동반돼야 한다.
치병을 위한 최고의 선물은
우주의 율려꽃, 생명의 꽃인 선정화이다.

가장 중요한 것은 의지다. 삶에 대한 강한 의지다. 그래서 '나는 무너지지 않는다. 반드시 내 몸을 갱생更生시킨다. 세포 하나하나까지 전부 갱생시킨다.'는 강한 의지를 갖고, 천지조화 주문인 시천주주와 태을주를 믿고 송주하는 것이다.

1520710 저녁수행 말씀

치병의 길
5

우리는 한 생명生命에 대해 깊이 생각해야 한다.
진정 사람을 일으켜 세워서
살리려는 진실한 마음을 가져야 한다.

우리는 대우주의 뜻을 이루기 위해서 개벽기에 이 땅에 왔다. 여기서 허무하게 쓰러지면 안 되지 않겠는가. 그러니 우리 도생들은 '내가 반드시 일어나서 생명의 기적奇蹟이 무엇인지 내 몸으로 성취해서 보여주겠다.'는 각오를 갖고, 수행에 매진해야 한다.

1520710 저녁수행 말씀

20

인간 꽃을 피워라

안경전 종도사 大道 말씀

성공하는 수행의 길

수행의 길 · 100일 필사

성공하는 수행의 길

신선 수행은
삼신의 신성神性을 회복하는 공부다.
우리는 본체 삼신님과 소통을 잘해야 한다.
우주의 조화를 받아서 병을 스스로 치유해야 한다.
생활 혁신을 바탕으로
자기 몸을 갱생시켜야 한다.

우리 몸에는 삼신이 깃들어 있다. 『환단고기』에 나오듯 조화신, 교화신, 치화신이 각각 성명정性命精으로 내려와 있다. 한마디로 삼신님 즉 태허령님, 태성령님, 태광령님의 신성이 그대로 내려와 있는 것이다.

1530713 의원 도수

성공하는 수행의 길

상제님 말씀처럼,
수행은 선덕善德이 있어야 잘 된다.
감이수통感而遂通이다.
고맙게 여기고 감사한 마음이 있어야
통하게 된다.

본체 삼신이신 태허령님, 태성령님, 태광령님과 삼신일체 상제님, 태모님을 찾으며 소통해야 수행이 잘 된다. 고맙게 여기고 감사한 마음이 있어야 통하게 된다. 자꾸 교감해야 느낌이 열리고 삼신일체 상제님과 나의 마음과 영혼이 소통된다. 감이수통 해야 수행도 잘 된다.

1510913 저녁수행 말씀

성공하는 수행의 길

인간의 의식은 온 우주와 하나로 소통되는
원초적인 에너지 장이다.
구도자의 의식이 중요하다.
우주와 소통되는 의식으로
'백광의 기둥이 내려온다.'고 생각하면
강력하게 내려온다.

구도자의 의식이 중요하다. 우주와 소통되는 한마음으로 '백광의 기둥이 내려온다.'고 생각하면 강력하게 내려온다. 또 '그 백광의 기둥 속에는 보호 신명과 요정들이 내 몸 치유를 위해서 내려오신다.'고 생각하면 그대로 인존 人尊의 명을 따라서, 구하는 기도를 따라서 내려오게 된다.

1530701 종무의회

우리는 대우주의 뜻을 이루기 위해서 개벽기에 이 땅에 왔다.
여기서 허무하게 쓰러지면 안 되지 않겠는가.

그러니 우리 도생들은
'내가 반드시 일어나서 생명의 기적이 무엇인지
내 몸으로 성취해서 보여주겠다.'는 각오를 갖고,
수행에 매진해야 한다.

성공하는 수행의 길

상제님께서는 일심집중-心執中을 강조하셨다.
한마음으로 집중해야 한다.
일심은 걸어붙이고 몰입하는 것이다.
그 다음에 허허공공虛虛空空한 마음으로 해야 한다.
내 몸을 비우고 마음을 진공처럼 비워야 한다.

수행할 때 원십자 중앙의 한 점을 생각하면서 집중하라. 상제님께서 '호연아, 한 점만 보면서 수행을 해라.'라고 말씀하신 적이 있다.

1520902 저녁수행 말씀

성공하는 수행의 길

사람을 살리려는 상생相生의 마음,
가을 우주 이법의 마음,
후천 새 우주의 마음이 있어야 한다.
이런 마음이라야 선덕善德이 쌓이고
공부가 잘 된다.

'세상 사람들이 대자연 진리를 모르고 허망하게 다 죽을 것'이라는 측은한 마음을 품고, '아, 내가 한 사람이라도 더 살려야겠다. 내가 열심히 공부해서 칠성도수 구호대 조직을 짜야겠다.'는 생각을 가져야 한다.

1510909 저녁수행 말씀

수행의 길 · 100일 필사
인간 꽃을 피워라

발행일 2025년 5월 15일 초판 발행
펴낸곳 상생출판
펴낸이 안경전
구성·편집 상생출판 편집부
        대전광역시 중구 선화서로 29번길 36(선화동)
        Tel. 070-8644-3156 **Fax.** 0303-0799-1735
        www.sangsaengbooks.co.kr
디자인 이선아, 이지혜
사 진 이창욱
출판등록 2005년 3월 11일(제175호)

Copyright ⓒ 2025 상생출판